給孩子的（上）
中國神話故事

砰！轟隆隆！神仙來了

王文華／著　　九子／圖

目次

作者的話

神仙什麼時候來找我呢？

王文華

神話，是古人對世界的想像，也是遠古人們的一頁歷史。

孩子閱讀，繞不開神話這座山，原因就在：學習文化需從源頭學起，想快速了解某種文化，閱讀神話是最快最扎實的終南捷徑。

更何況，孩子是喜歡神話的，沒有大人忍心向六歲的孩子宣告：世上沒有聖誕老人，聖誕樹下的禮物，其實是爸爸媽媽幫你準備的。

沒有吧？

在神話故事裡長大，是童年的權利

反之亦然，我們跟孩子講起后羿求仙丹、嫦娥奔月宮的故事，孩子的眼裡會有光，彷彿當年的遠古洪荒，人們望著天空，發揮想像……

未來，孩子會有一輩子的時間去了解：月球只不過是宇宙裡一顆冷清的大石頭，上面沒有仙女也沒有兔子，更沒有傻到天天拿著斧頭砍樹的吳剛。但在他童年的時候，講一則神話，讓孩子在神話故事裡長大，是童年的權利。

和希臘羅馬、北歐神話不同，中國的神話既多且雜。西洋的神話有自已的體系，他們基本上就是一個家族的故事：宙斯生下來就是神，除非神犯了極大的錯誤才會被貶去當凡人，否則，神一出生就是神。

中國的神話就複雜多了，八仙是八個不同的神仙，他們不是一家人，彼此是朋友、師徒與道友的結合，因此，很難有一套體系把中國神話講清楚。東一位、西一位，儒道佛釋百家爭鳴。原因出在中國實在太大了，古代交通又不便，於是古人各自發揮想像力，東一位、西一位的把神仙給變出來。

孫悟空有七十二變，但神話的想像魔法裡，應該有千千萬萬變吧？

女媧補天時煉了幾顆石頭、剩下的石頭變成孫悟空還是賈寶玉、女媧和伏羲究竟是兄妹還是夫妻……嗯，這麼多變，直到現在，我也研究得很快樂。

只要肯努力，人人有機會當神仙

我在寫作中國神話時，從中體會到一件事：西洋神仙出生就是神，凡人沒機會；中國神話不同，只要肯努力，就有機會登上仙島當仙人。

你看，宙斯喜歡談戀愛，宙斯太太是全世界最大的醋桶子，但是，他們依然是神。

中國的神仙體系是不同的神仙觀，做將軍的能變神（關羽），孝順父母做好事的能成神（媽祖），上山訪仙能當神（呂洞賓），偷顆仙丹可以升天（嫦娥），甚至連書裡的想像人物都能當上神仙（孫悟空）。

真的，我記得小學三年級那年，我讀了《西遊記》，終於知道一個天大祕密，特別回家問我媽：「老媽，我們家怎麼會拜一隻猴子呢？」

老媽K了我一下，要我別亂講話，她說齊天大聖怎麼會是猴子呢？

可是我知道啊，我媽沒讀過西遊記，但我讀過了，我知道，孫悟空真是書裡的人物，而我家二樓神明廳真的是供奉齊天大聖啊。

齊天大聖不就是猴子精嗎？

這樣的神話體系，融進的是古人對人們的期盼：修好品德，助人為樂，人人都能變神仙。

你看，中國神話是不是比較公平？只要願意遵守成仙之道，人人都有機會。

所以中國神仙喜歡化妝成普通人，下凡考察人們有沒有善良、懂不懂分享，只要有這些美德，都有機會長生不老，永登仙境。

我真的相信這些的，直到現在都還禮讓弟妹、孝順父母，在學校也認真教書敬老扶幼，因為我內心的小宇宙相信：誰知道哪一天，神仙下凡來找我，我得做好萬全的成仙準備啊。

了解多元文化，腳步更堅定、有信心

天上眾神，百仙百面，性格脾氣都不同，有的神像女媧、神農具有悲天憫人之心；共工和祝融愛吵架，害得世界大亂；夸父爭強鬥勝，最後逐日累死自己；而小精衛有毅力，海不填平永不放棄。

神話裡的人物，其實就像我們一般人，他們也有喜怒哀樂，也有不滿、憤怒與開心的時候。說是神，其實就是一個個我們生活中最最普通的人，只是他們多了一些能力和勇氣，多了一些堅持和奮鬥，於是世界在他們的改變下就不一樣了。

給孩子閱讀中國神話，親近這些代代流傳的故事，這是一步步理解世界的過程。

孩子離不開神話，因為節慶裡有神話的影子，日常生活裡有神話留下來的習俗。閱讀神話，了解文化起源，由此出發，孩子的腳步會更堅定、有信心。

第1課

沉睡一萬八千年

盤古開天闢地

很久很久以前，那時沒有天、沒有地，宇宙就像一顆大雞蛋，蛋黃、蛋白全混在一起。

這顆宇宙大雞蛋裡頭，隱隱約約傳來一陣又一陣打呼的聲音。

如果回到那時候，你會發現，雞蛋裡頭有個巨人盤古在睡覺。巨人睡呀睡呀，竟然睡了一萬八千年。

再疲倦的人，睡了一萬八千年應該都夠了吧？

一萬八千年後，公雞沒叫，鬧鐘沒響（那個時代也沒有鬧鐘呀），盤古竟然自己醒了。

盤古為什麼醒來呢？

咦，問得好，答案還真沒人知道。只知道巨人盤古一醒來，發現他身處的空間黑黑暗暗、濃濃稠稠：「可惡，這是什麼地方呀？」

那時世界還沒成形啊，盤古這一問，當然沒人能回答。他一生氣，用力一頂……

哇，這一頂，不得了，只聽得大雞蛋「砰！」的好大一聲響，裂開了。這一裂更不得了，輕的東西開始往上飄，變成了天空，重的東西往下沉，形成了陸地。

天地分開來了，會不會再合起來呢？

盤古擔心，所以就自己站在天地之間，頭頂著天，腳抵著地。我們現在常說的「頂天立地」就是這意思。但是現在天地之間距離太遙遠了，誰也搆不著。

當年卻是可以的。巨人盤古頂著天、抵著地，天地的吸力一定很強，盤古連動都不敢動，就這麼跟天地耗上了。

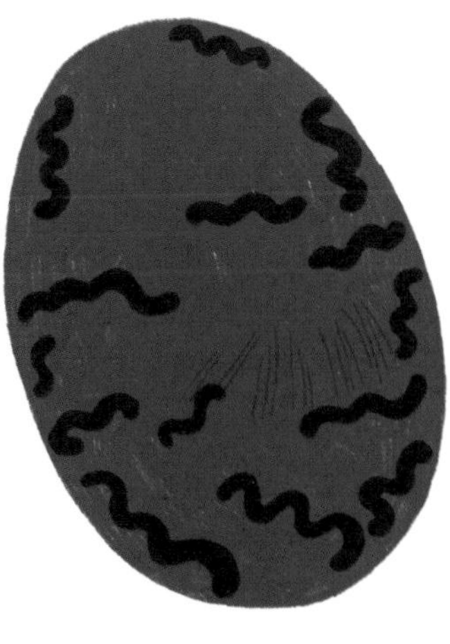

這一耗，神奇的事情發生了。

從那天起，天每天升高一丈，地每天加厚一丈，那盤古……

盤古竟然也自動長高了！而且不多不少，就是天天加一丈高。現在孩子怕長不高，要是遇到盤古就好了，問問他瞬間長高的藥上哪兒買，拿到網路賣，鐵定暢銷。

總之，天日日升高，盤古就跟著變長。經過一萬八千年（奇怪了，這一萬八千年，他都不吃不喝嗎？）天地距離夠了，再也不會合起來了，盤古的責任完成了，從此過著……

不，那是童話故事。

神話故事裡，睡了一萬八千年、站了一萬八千年的盤古太疲憊了，他就在這時，轟然倒地。

盤古死了之後，嘴裡吐出來的氣，頓時成了天上的雲和風；臨死前發出來的聲音，變成隆隆作響的雷霆；他的左眼變成太陽，右眼成了月亮；四肢與身體是山岳丘陵，血液是大地上的河流；筋脈變成了道路，頭髮和鬍鬚是天上的星星，皮膚和汗毛變成了森林與草地……

這就是我們現在生存的世界。

神話大人物

盤古　中國神話中開天闢地的神祇，傳說天地及萬物都是由盤古死後的身軀和器官變化而成。

盤古開天闢地的傳說，最早出現在三國時期，吳國太常卿徐整的書《三五曆紀》和《五運歷年紀》。也就是說，三國之前，是沒有盤古開天闢地傳說的。當時的人信仰的是「東皇太一」。

據說，公元前六〇〇〇年左右，中國黃河流域出現了一個部落「混沌氏」，又名「盤古氏」。這支部落統一了當時的黃河流域，成為霸主。隨著氏族社會的更替，這支部落最後在長江以南的地域繁衍生息，這個區域也逐漸出現盤古氏的傳說。

而長江以南正是三國東吳的統治區域。當時的人拜鬼神，敬天地。徐整依照自己的理解與想像，再藉助有關盤古氏的傳說，創作出「盤古」這樣的神話人物。直到今天，長江以南的廣州、江西等地，仍可以看到供奉盤古的廟宇，甚至還有少數的「盤古」姓，自稱是盤古的後人。

第2課

上古時代的神人
人臉蛇身的伏羲氏

雷神的大腳印

很久很久以前，在很遠很遠的西北方，有個快樂的國家「華胥之國」。

華胥之國很大很大，坐車呀、乘船呀、騎馬呀，都不能到達華胥之國的邊界。因為實在太大了，大家只能用想像神遊。華胥之國沒有國王，百姓自由自在，生活很快樂，而且國民壽命都很長，人民走進水裡淹不著、待在火裡燒不到，簡直就是上古時代的神人。

神人的奇蹟不只這樣。他們還可以飛到空中，走在雲端的樣子就像走在平地；滿天雲霧擋不住他們的視線，震耳雷霆亂不了他們的聽覺。人世間的勾心鬥角也絕對不會發生；因為他們要什麼有什麼，還有什麼好爭的？

華胥之國裡，有個美麗的華胥姑娘。她有多美呢？嗯，就算你找遍現在最美的影視明星、網紅，也無法跟她比美。

有一天，華胥姑娘走到「雷澤」玩。雷澤是個大沼澤，林木茂密，風景優美。這裡也是雷神住的地方，雷神有人的臉、龍的身體，用手拍拍肚子，就能發出「轟隆隆」的雷響。

華胥姑娘走到雷澤，一切在她眼裡都是那麼新鮮有趣。她東看看、西看看，突然發現地上有個特別巨大的腳印。

「這是誰的腳，怎麼這麼大呀？」

好奇的華胥姑娘，忍不住把自己的腳踩進那個巨大的腳印裡。

這一比之下，她發現兩件事：

一、那個腳印至少比她大了十倍。

二、她的肚子裡，好像有什麼東西動了一動。

第一件事，無關緊要，只證明她是個好奇心強的姑娘。

第二件事比較嚴重，姑娘回家後就懷孕了。而且懷胎十二個月，生下個男孩，取名為「伏羲」。

伏羲長怎樣呢？

嗯，這孩子長著人的臉，臉上有五官，蛇的身體，長長的身體扭呀扭，像不像一條龍？

或許，華胥姑娘踩的大腳印是雷神的，而伏羲，說不定就是雷神的兒子呢！

跳進葫蘆裡，漂呀上天庭

人臉蛇身的伏羲，除了樣貌奇特，傳說也多。下面這個就是：

傳說伏羲和女媧是兄妹，在他們十來歲的時候，大地乾旱，連續半年沒下一滴雨，人們只好去找伏羲和女媧的父親張寶卜。

張寶卜會法術，連雷公也鬥不過他。

受人之託，忠人之事。張寶卜對著天上施法：「若是三天之內再不下雨，我要雷公從雲端掉下來！」

說也奇怪，不久後真的下了場大雨，解了乾旱之苦。然而，張寶卜也因此得罪了雷公。

「好個張寶卜，敢要我跌到地上！哼，看我不劈死你。」

雷公一生氣，天地隆隆響。

「張寶卜，別跑。」

「張寶卜，快出來。」

電光閃，雷聲動，滿天烏雲中，露出一個青臉的雷公。他兩眼放金光，手拿金錘子，這裡一砸一聲響，那裡一撞一聲咚。

「張寶卜，往哪兒走？」

唉呀，雷公真的尋到張寶卜家，朝著張寶卜這麼一砸……

雷電沒有砸到張寶卜，反而是青臉雷公被張寶卜的獵叉往天上一叉、往下一送，直接送進屋簷下的大鐵籠。

這鐵籠是張寶卜特地為雷公做的，就等著抓他用。

雷公被關在籠子裡又氣又跳，卻根本逃不掉。只聽見「滋啦啦」的電光，電得屋子裡一陣白、一陣青。但關得愈久，雷公電力愈弱，就像電池的電力耗盡了一樣。

第二天早晨，張寶卜去買香料，準備殺了雷公，醃起來做下酒菜。臨走時，他特別吩咐兩個孩子：「記住，別給他水喝。」

爸爸的前腳一走，雷公就在鐵籠裡喊：「好心的孩子，我渴了。」

伏羲說：「爸爸臨走時說過，不能給你喝水。」

「好心的孩子，我快渴死了，不然，你們就給我幾滴水，這總行了吧？」

女媧年紀小，看雷公痛苦的樣子，就偷偷舀了一點水給他喝。

雷公一接觸到水，即使只有幾滴，也立刻有了精神。他雙眼射出金光，渾身上下電力飽滿，手指這麼一彈，鐵籠子就「砰」的一聲裂開了。雷公從籠子裡跳出來，嚇得伏羲和女媧躲到一旁。

雷公感謝女媧救了他，拔下一顆牙：「小女娃，妳把它拿去種在土裡，等結了果，就摘下來，挖出裡面的果肉，一旦洪水到來，你們就鑽進去。」

「鑽進這麼小的種子？」伏羲想問，雷公卻已經跳上雲端，不見了。

兩個孩子半信半疑，把雷公的牙齒種進土裡。沒想到，那天晚上種子就開了花，第二天結了果，第三天竟長出一個又圓又大的葫蘆。

這麼神奇的故事，像不像傑克的魔豆?古時候人的想像力真是厲害，對不對？

那天晚上，雷公為了報復張寶卜，命令雨神日夜不停的降下大豪雨。

雨實在太大，森林擋不了，溪谷也留不住。洪水衝破山林，淹沒村寨，大水一直淹、一直淹，彷彿能一直淹到天上去。

洪水來臨時，伏羲兄妹照著雷公的話跳進葫蘆，隨著洪水四處漂流。就這樣漂呀漂呀，漂到了天上，還見到了雷公。

雷公以為他們來報恩，沒想到女媧卻說：「這場大洪水幾乎毀滅了世界，人和動物都不見了，你滿意了嗎？」

天庭的太白金星也很不滿意，責備雷公：「你一發脾氣，就把天下的人都淹死了，以後誰還來供奉你呢？」

雷公聽了，也覺得自己太過分，心中有點後悔。於是太白金星便想出個補救的辦法，讓伏羲兄妹結為夫妻，生兒育女，繁衍人類。

女媧說：「我們是親兄妹，怎麼能結為夫妻呢？」

伏羲把一根竹子砍成一段一段的：「要我們結婚，除非它再接起來。」

那時的竹子還是一根直條條的，被砍成這麼多段，誰能讓它再接起來呀？別忘了，神無所不能，太白金星手一指，竹子就自己接了起來。於是，原本無節的竹子，經過這次砍了又接，後來變成有節的植物。

伏羲、女媧結成夫妻後，女媧懷孕了。兩年後，她竟然生下一顆磨刀石。

生下一顆磨刀石？

真的啦，你沒有看錯，真的是磨刀石。

上古時候人的想像力，就是這麼奇特啊。

伏羲搖搖頭，把磨刀石打碎，從山上往四周拋去。奇蹟發生了：掉到河裡的碎片，變成了魚蝦；掉進山裡的碎片，變成了鳥獸；而落在村子裡的，變成了人類。

這下子，世上又有了人與動物，大地終於恢復生機。

這是西南一帶少數民族的傳說，故事裡的大洪水、兄妹結婚、再造人類，南方許多民族都有，情節也都大同小異。至於為什麼生下的是磨刀石？嗯，這像不像《西遊記》呢？故事裡也有顆石頭蹦出一隻小猴子。

神話大人物

雷公 中國神話中掌管雷的神明，也叫作「豐隆」、「雷師」、「雷神」，一般稱「雷公」。雷公的生日為八月二十四日，常常與司掌閃電的「電母」一起被提起。專門奉祀雷公的廟比較常見，電母一般只在祈求雨雪時才奉祀。目前常見的雷公神像，大多是裸胸袒腹，背上有一雙翅膀，額頭上有三隻眼睛，赤紅的臉像猴子，下巴長而尖銳，腳長得像鷹爪，左手拿著鍥，右手拿著鎚。傳說雷公能辨人間善惡，代天執法，是打擊犯罪、懲奸罰惡之神。而電母（又稱閃電婆）則協助雷公，在雷公打雷之前發出閃電，照明是非，避免冤屈發生。

伏羲氏 伏羲所處的時代，大約是新石器時代中晚期，許多重大發明都與他有關係。

例如，他根據天地萬物的變化與鳥獸的足跡，發明了八卦。八種符號相互配合，就包括了天地萬物的各種名稱，大家用來記載現實生活中的各種事情，結束了結繩記事的歷史。這樣一來，繩子成了多餘的東西。於是伏羲氏又把繩子編織成魚網，並教會人民捕魚打獵的技術。而為了慶祝豐收和婚嫁等重大事情，伏羲氏製作了樂器「瑟」，創作了曲子《駕辯》，豐富了人民的物質和精神生活。他還教人民鑽木取火，用火燒熟食物再吃，告別了茹毛飲血的野蠻生活。伏羲的活動範圍，主要是在中國的河南淮陽和山東濟寧、曲阜一帶。濟寧到現在都還有「伏羲陵」，每年農曆三月初三，村民會舉行儀式，祭祀這位中華民族的文明始祖。

神話小知識

伏羲與女媧到底是兄妹還是夫妻？

伏羲是人臉蛇身，女媧也是人臉蛇身，因此就有人說女媧是伏羲的妹妹；但也有書上說女媧是他的妻子，是輔佐伏羲治理天下的「女天帝」。

我們在一些古代的圖畫上，可以看見伏羲和女媧一同出現時，他們的腰身以上是人形，腰身以下則是蛇尾，兩條尾巴總是緊緊纏繞在一起。

他們的臉，有的相對互視，有的別過頭去，誰也不理誰；圖畫上，伏羲的手裡捧著太陽，太陽裡有隻金烏；女媧手裡捧著月亮，月亮裡面有隻蟾蜍。還有的畫更可愛，他們兩人中間有個天真爛漫的娃娃，應該是他們的孩子。

有沒有覺得很混亂？

沒辦法，因為這些神話故事並不是一時一地所創造，各個部族也都流傳著自己的神話。上古時代的交通不方便，中國疆域遼闊，又有高山大河阻隔，故事無法流通。所以很多神話故事，聽起來都有點像又不太像。

而故事透過人的嘴巴流傳，很容易就加工或傳偏了。

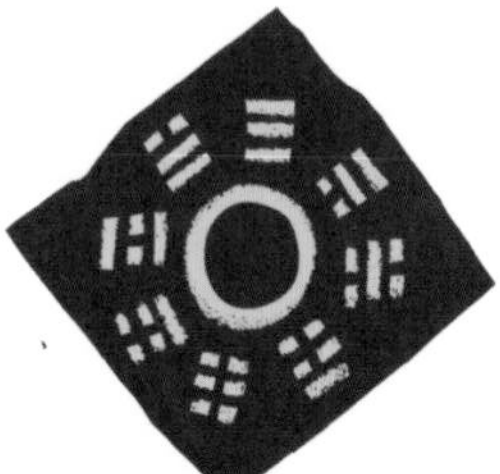

第3課

多個我，世界不再寂寞

女媧娘娘造人類

天地開闢後，就像搭好了舞台。天上有了太陽、月亮和星星，地上有了山巒、草樹與蟲魚鳥獸，連布景都有了。

就有這麼一天，來了一位神通廣大的女神「女媧」。女媧法力高強，一天能變化七十次。有一天，她走在這個空蕩蕩的舞台，突然覺得孤寂。有魚有蟲有走獸，但就是少了點什麼，不夠活潑。

還要再加上什麼呢？

當時可不像現在，有「孤狗大神」能請教，女媧雖然是天神，想要有創意，還是得借助外力的幫忙。

女媧東走西走，走累了，到池邊休息。她正想捧起水來喝，唉呀，池裡倒映出來的，正是自己美麗的臉龐。她笑，池裡的女媧也笑，她皺眉，池裡的女媧跟著皺眉頭。女媧靈機一動：「何不創造跟我一樣的生物呢？多個我，世上就不會寂寞了。」

她順手從池裡挖了點泥、和了水，在手裡捏了捏，捏出一個小娃娃般的小東西。

她把小娃娃放到地上，說也奇怪，娃娃一接觸到地面，馬上活了起來，衝著女媧就喊：「媽媽！」

「我是媽媽？」

「媽媽！」小娃娃點點頭，興奮的手舞足蹈。

小娃娃的喜悅傳染了女媧：「這麼可愛的小小……人，你就叫作『人』吧。」

「媽媽，媽媽，我是人，我是小小的人。」小娃娃在地上開心的蹦蹦跳跳。

人和其他的飛禽走獸不同：會說話，會表達情感，兩隻手還能做很多事情。女媧非常滿意這個作品，於是她繼續用黃泥做人，一個、兩個、三個……小人兒一沾到地上就活了過來，圍著女媧又唱歌、又跳舞，從此，女媧再也不寂寞。

女媧從早到晚，創造了一個又一個「人」，

但大地那麼遼闊，照女媧這樣的速度，再做一百年，人的數量也不夠多啊。

天神女媧可不是白當的。她想了個方法，從懸崖邊拉下一條枯藤，伸入泥潭，先攪攪泥潭，用力在地面上一揮，泥點落了地，立刻出現許許多多小人兒。他們和先前做出來的小人兒一樣，圍著女媧，「媽媽、媽媽」的叫著。

「乖孩子，乖孩子。」女媧點點頭，廣場上就響起一聲又一聲的歡呼。用枯藤泥點化人，這方法省事多了。藤條一揮出，就有好些小人兒出現。原本寂寞的大地，現在多了人類的蹤跡。

大地有了人，女媧的工作卻不能停止。這些小人兒不是神，會老、會死，屆時，她又要再創造一批人嗎？

這樣下去，怎麼得了？

「我是神，應該想個更好的方法。」

聰明的女媧想到一個好方法。她把小人兒分成男人和女人，讓男人和女人配合，自己創造後代，自行負起生兒育女的工作。這樣，人類就能世世代代綿延，並且一天比一天多。

神話大人物

女媧　又稱女媧氏，俗稱「女媧娘娘」，神通廣大，是神話傳說中的創世神和始祖神，在中國民間則是廣泛且長久信奉、崇拜的古神。

傳說女媧能化生萬物，每天至少能創造、化育出七十樣東西。女媧的一段腸子，化成了十個神祇。而她最偉大的事蹟，就是摶土造人和煉石補天。

女媧在造人之前，先在正月初一造了雞，初二造了狗，初三造羊，初四造豬，初五造牛，初六又造出馬。到了初七這天，女媧用黃土和水，仿照自己的模樣，造出了一個個小人來。又因為女媧將造出來的人分成男、女，可說是中國的第一個媒人，後世尊奉她為媒神之祖，也就是婚姻之神。

女媧除了是人類的始祖，煉五彩石補天也讓她成為「補天女神」。由於天穹像把傘，而女媧補天，大家認為她是補傘高手，因此造傘業者奉女媧為守護神。另外，絲棉的紡織業者，也奉女媧為織業神。

第4課

藥草人體實驗室

神農為民嘗百草

上古時候，五穀和雜草混在一起生長，藥物和百花開在同一個地方，哪些可以吃、哪些能治病，沒人分得清。

那時的人打獵過日子，然而，飛禽走獸再多，被這麼多人天天打來吃，最後只會愈打愈少。打不著獵物，大家只好挨餓；若是有人生了病，無醫無藥，就只能等死。

怎麼辦呢？

上古神人出現了！他就是神農氏，來幫大家想方法。

神農氏是誰呢？據說他出生三天就會講話，五天就能跑跑跳跳，一個星期後，連牙齒都長好長滿，三歲的娃娃，就懂耕田了！

只有超人才有這種光速般的成長，對不對？

神農氏長大後，神人變成部落首領。當時世界初創，萬物缺乏，為了方便人民生活，神農氏發明陶器，從此可以取水、裝食物。

黑夜生活很不方便，神農氏找來油性草木，製成燭火，設置照管火源的官員。因此，大家又稱神農為「炎帝」。

炎帝是中華農耕文化的創始者，和黃帝被尊稱為中華民族的始祖。

根據古書《拾遺記》記載：有一天，一隻紅通通的鳥兒口中銜著五彩九穗穀，掠過神農頭頂時，掉在地上，長成一片穗實飽滿的九穗穀。這種穀物能吃嗎？神農氏先替大家嘗嘗，發現味道還不錯。

「來吧，大家來種九穗穀，以後不用再打獵。」神農氏帶著大家把林子開墾成農田，種起了穀子。

從此，人們開始過起農耕生活，穀子年年種植，食物源源不斷，大家再也不愁吃穿。

如果能找到更多可以種植的穀物，吃飯的問題不就解決了嗎？

神農氏愈想愈興奮，帶著部族的人朝西北大山走去。

這一路漫長而艱辛，他們不知涉過多少條河，翻過多少座山，走了多少里路。當太陽第四十九次從東方升起時，他們終於來到山腳。

正準備上山時，峽谷中突然竄出一群狐狼虎豹，將大家團團圍住。神農氏帶著大家揮舞神鞭，向野獸打去。打走一批，又擁上來一批，一直打了七天七夜，才趕跑野獸。那些虎豹蟒蛇身上被神鞭抽出一條條傷痕，後來變成皮上的斑紋。

「這裡太危險了。」臣民勸神農氏。

「還是回去吧。」也有人說。

「黎民百姓餓了沒吃的，病了沒醫的，我們能回去嗎？」

神農氏說完，率領大家走向眼前的大山。

這座山高聳入雲，抬頭望不見山頂，四面全是懸崖峭壁，若非爬天梯，根本無法攀越。大家搖搖頭，又勸他回去。

神農氏搖搖頭，還是那句話：「百姓餓了沒吃的，病了沒醫的，我們能回去嗎？」

眾人勸不動他，只好跟著走進大山腳下。幾隻猴子看見來了人，慌慌張張的順著古藤朽木溜走了。神農氏靈機一動，要大家砍樹割藤條，靠著山崖搭成架子，一天搭一層。春去夏來，秋去冬至，整整搭了一年，搭出三百六十五層，這才搭到山頂。據說，後來蓋樓房用的鷹架，就是學習神農氏的辦法。

山頂上，全是沒見過的野花野草，哪些能吃、哪些不能吃、吃了有什麼功效，當時沒有藥草百科全書，神農氏就把自己變成人體實驗室，一邊採、一邊吃，一邊記錄。

嘗百草一天做不完，神農氏白天帶大家到山上嘗百草，晚上臣民生起火來，他就著火光詳細記載：哪些草是苦的，哪些熱、哪些涼，哪些能充饑、哪些能醫病，都寫得清清楚楚。

有一次，他把一株草放到嘴裡一嘗，霎時天旋地轉，一頭栽倒。臣民慌忙扶他坐起。他明白自己中了毒，可是已經無法說話，只好用最後一點力氣，指著面前一株紅亮亮的靈芝草，又指指自己的嘴巴。大家慌忙的把紅靈芝放到嘴裡嚼了嚼，餵到他嘴裡。神農吃了靈芝草，毒氣解了，頭不昏了，會說話了。從此，人們都說靈芝草能起死回生。

臣民擔心他這樣嘗百草太危險，都勸他下山回去。他搖搖頭說：「不能回去！黎民百姓餓了沒吃的，病了沒藥醫，我們怎麼能回去呢？」說完，又接著嘗百草。

為了尋找藥品，神農曾一天中毒

七十次，被毒得痛苦萬分，又憑著強壯的體力，堅強的站起來，為大家辨識更多草木。

就這樣，他試完一山花草，又到另一山去找。踏遍山嶺，找到能充飢的麥、稻、穀子、豆子、高粱，這就是後來的五穀。

神農氏也嘗遍各種奇花異草。他將毒草和藥草加以區別，發現了三百六十五種草藥，能治一百種以上的病，寫成《神農本草》。從此，天下百姓生了病就有藥來治。

神農氏終於準備下山回家時，當年上山搭的木架卻都不見了。原來，時深日久，那些搭架的木桿竟全都落地生根，淋雨吐芽，長成一片茫茫林海。神農氏正為難呢，一群白鶴飛來，接他和護身的幾位臣民上天庭去了。

為了紀念神農氏嘗百草造福人間的功績，老百姓把這一片茫茫林海取名為「神農架」，尊稱他為「炎帝」。

神話大人物

神農氏　相傳神農氏出生於烈山，因此又稱「烈山氏」或「連山氏」。除了嘗百草，神農氏還創造了木製的耒耜（翻土所用的工具），教百姓醫療與農耕，是中國農業與醫藥的發明者、守護神，所以也被尊稱為「藥王」、「五穀王」、「神農大帝」。

據説神農氏的樣貌很奇特。他的身材瘦削，全身除了頭和四肢以外，都是透明的（水晶肚），因此內臟清晰可見。神農氏嘗盡百草，只要藥草有毒，服下後，他的內臟就會呈現黑色。因此，什麼藥草對於人體哪一個部位有影響，就可以輕易知道。神農氏還有一條名為「赭鞭」的紅色神鞭，只要用它鞭打花草，就可以顯露花草的寒、熱等特性。

除了仙鶴接上天庭的説法，另一種傳説是，由於神農氏服了太多毒草，積毒太深，最後試到一種含有劇毒的藥草，腸子段成一節一節，最終不治身亡，人們因而將藥草命名為「斷腸草」（有人説是「百足蟲」）。

第5課

不想為了一座湖，放棄一片海

小小精衛鳥填海

炎帝有好多個女兒，他最疼愛小女兒「女娃」。

女娃的姊姊都喜歡打扮，整天用鮮花裝飾自己。女娃與眾不同，模樣纖秀的她最愛運動，尤其是游泳。她一躍進水裡，簡直像條游魚。炎帝喜歡女娃的開朗大方，父女倆經常說說笑笑，好不開心。

不過，天下那麼大，炎帝要治理國家，有時一出門就是好久好久。爸爸不在家，女娃很想念爸爸，她真希望能跟爸爸出去外頭走走，找條大河游游泳，該有多好哇！

爸爸不在家，女娃在家悶得慌。她記得爸爸答應過她，一回來就帶她去東海游泳。

女娃那時候問：「東海，比我們家的水池大嗎？」

炎帝說：「當然大呀，妳游個三年都游不到邊的。」

「怎麼可能？除非你帶我去看，讓我下水游一下。」

「好啊，等爸爸打仗回來，就帶妳去東海玩耍。」

爸爸的話，不時在女娃心裡響著。但爸爸這回出去特別久，女娃把家附近的水池都玩遍了，心裡不斷冒出來的念頭是：去東海，去東海。

所以，她就一個人騎著馬，往東出發。

路上有不少湖泊，都是她沒見過的大湖。但她一打聽，人們總是笑著說：「東海，還遠的哩，妳別去了，就在這裡玩玩吧。」

女娃心志堅決，她才不想為了一座湖，放棄一片海。

終於，那一日，真的有一片湛藍的大海躍進她眼裡。那片藍無邊無際，她到了。

海天相接，女娃跳下馬，她好開心哪，拍拍心愛的馬，指著那片藍汪汪的大海：「你看到了吧？我們到了喲。」

那時還沒有相機，否則，她應該會拍不少照片。

那時也沒有臉書，否則，她會打卡、留下數不清的貼文。

女娃是那麼迫不及待，她一個跳躍，投進大海的懷裡。大海的寬闊，容得下一個水性奇佳的女娃。女娃一直向前游，她記得父親說過的話，游個三十天都游不到邊的。

「我可以！」女娃心裡不斷浮現這句話：「我絕對可以。」

她游得那麼快，簡直像枝箭了；她游得那麼久，完全沒注意天空悄悄變了顏色。大朵大朵的烏雲聚攏，海風也愈吹愈快。

一道閃電劃過，狂風暴雨頃刻便至。海浪翻湧，像無數的大山橫亙在女娃面前。她拚命的游，躍過一座座波浪大山。只是，海浪大山實在太高太大也太多，她有時也想回頭，但腦海一直有個想法要她游，游到彼岸。

大海似乎想證明，自己不會被征服。終於，那道快速在浪花裡翻飛前進的身影，漸漸慢了下來。一個大浪重重壓落，女娃再也游不動了。

她跌落深深的海底，無法再看這世界一眼。

炎帝知道消息，已經是幾天以後。

他趕到東海邊，沒日沒夜的眺望大海，卻看不見他最心愛的小女兒。

寂寞的炎帝走後不久，一隻小鳥破浪而出。這隻鳥紅爪白嘴，模樣有點兒像烏鴉，是女娃不屈的魂魄化成的鳥。牠的叫聲很奇特，「精衛、精衛」的叫著，人們便叫牠「精衛鳥」。

精衛鳥飛出海面，一飛飛到發鳩山，抓顆小石子投進東海，又轉身回到發鳩山上，再抓顆石子來投海。

如果有記者問精衛：「妳在做什麼呀？」

「填海，我要投石填海，沒把東海填平，我不會停下來。」精衛一定這麼回答。

日復一日，年復一年，寒冷的冬天、炙熱的夏天，都阻擋不了這隻有決心的鳥。累了的時候，精衛會自己為自己加油。

「精衛！精衛！」

「精衛！精衛！」

這是精衛給自己的鼓舞。

東海惱怒了，浪濤大聲的咆哮，白沫四濺：「傻鳥，你為什麼想把我填平？我們有什麼冤仇，讓妳恨我這麼深？」

精衛鳥啼叫著：「因爲你奪走我年輕的生命，因爲你會再奪走千千萬萬年輕的生命。」

東海的浪濤像在嘲笑牠：「哼，算了吧，算了吧，妳再填一千年也填不平我呀。」

「一千年填不平你，我就填你一萬年，一萬年填不平你，我就填你十萬年。」

精衛的悲嘯迴盪著，從發鳩山到東海上，直到今天依然循環往復，永無止休。

神話大人物

精衛　炎帝的女兒女娃死後，她的精魂化成精衛鳥。精衛鳥也叫「誓鳥」或「冤禽」，又名「志鳥」。

「誓鳥」指的是，女娃誓言與奪取自己生命的大海抗爭到底；「冤禽」表示年輕、美麗的女娃，被無情的大海奪走寶貴生命的冤屈；「志鳥」則是歌頌女娃頑強不屈的精神。

據說，發鳩山位於黃河、長江的發源地。從現代的角度來看，如果從中國蘭州搭飛機到東海，大概要兩、三個小時，如果坐特快車或高鐵，可能需要兩、三天。想想看，一隻紅爪白嘴、模樣有點兒像烏鴉的小鳥，嘴裡叼著石頭，從黃河、長江源頭的發鳩山開始，一邊飛翔一邊啼鳴，向遙遠的東海飛去，發誓要填平廣闊無際的大海，這樣的信念與意志，是不是很令人敬佩？

第6課

兄弟之間的戰爭（上）

炎黃大戰首部曲

第一次上古大戰——阪泉之戰

炎帝之後，黃帝也出現了。

三國時代的周瑜感慨「既生瑜，何生亮？」炎帝應該也有這種感覺。據說，炎帝和黃帝是同母異父的兄弟，他們在神之國裡，各自掌管一半的宇宙。照理來講，彼此感情應該很好。然而有一年，炎帝和黃帝之間卻打起仗來。

年輕的黃帝率領神兵神將，驅趕老虎、豺狼和花豹當先鋒，派出天上的神鷹、巨鵰做旗幟。兩軍列陣，最後在阪泉打了幾場大仗。年輕氣盛的黃帝獲勝，成為宇宙的最高統治者「中央天帝」，年老力弱的炎帝只好退到南方，變成「南方天帝」。

「勝利了！勝利了！」黃帝勝利的消息向四面八方傳去，四海之內的鬼神，全都在西泰山集合。大家引領期待，想看看剛打勝仗的黃帝。

黃帝來了。形跡飄渺的風伯、雨師散布和風細雨，鳳凰在天空飛舞，神蛇在地面伏竄，後方幾頭大象拉著一輛寶車，黃帝就坐在上面。獨腳畢方鳥是侍衛，蛟龍盤旋飛騰在寶車兩旁，來自宇宙洪荒的奇形異鬼們，興奮的跟在寶車後頭。

更壯觀的是寶車後頭數不清的戰俘，那全是炎帝的部下。桀驁不馴的蚩尤走在最前面，別人都垂頭喪氣的，只有他，一臉橫肉，冷眼旁觀這一切，彷彿他才是勝利者。

蚩尤是炎帝的孫子，原本是南方一個巨人部落的首領。蚩尤生性殘暴好戰，他有八十一個兄弟，都是能說人話的野獸。他們每一個都身長數丈、銅頭鐵額，石頭、鐵塊當飯吃。更奇特的是，他們都有四隻眼睛、六隻手，還有兩隻像牛一樣強健的腳。

蚩尤的兄弟不只長相奇特，還天生神力。這或許和他們吃的東西有關，別人吃肉吃飯，他們吃沙吃岩石。他們擅長製作各種神兵利器，鋒銳的矛、尖利的戟，巨大的斧、堅固的神盾、輕捷的弓箭。

想當初，蚩尤是因為跟著炎帝出征，阪泉兵敗後，炎帝退到南方，蚩尤被俘，在黃帝麾下當一名隨從。

蚩尤是關不住的，也無法忍受自己成為黃帝的部下。這個上古神人找到機會逃了出去，勸炎帝再和黃帝一決高下，雪恥復仇。

炎帝年老力衰，寧願安分守己的待在南方，守著自己的小宇宙，不再有當年一爭天下的雄心壯志，也不願再和黃帝比什麼高下。

第二次上古大戰——涿鹿之戰

蚩尤見炎帝懦弱無能，決心自己起兵。他先發動八十一個兄弟，並勸服南方的苗民加入他的軍隊。

隨著苗民而來的，還有一批可怕的魑魅魍魎。

黃帝本來是派神荼、鬱壘去管這些魑魅魍魎，可是神荼、鬱壘太嚴格了，激起鬼怪大叛變。

有了這樣一批軍隊，蚩尤打著炎帝的旗號，浩浩蕩蕩，從南方殺向北方。那時本來天下太平，黃帝在神宮裡聽說蚩尤出動大軍，要來爭奪天帝的寶座，於是帶著軍隊，在涿鹿附近展開第二次上古大戰。

戰爭一開始，蚩尤不知道去哪裡弄來的魔法，竟然造起漫天大霧，把黃帝和他的軍團困在核心。八十一個銅頭鐵額、頭上長角的蚩尤兄弟在大霧裡神出鬼沒，逢人就砍、遇人就殺，殺得黃帝和他的部下虎竄狼奔、馬嘶人吼。

戰爭的激烈，無法想像。

幸好，黃帝的大臣風后站出來，在極短的時間內製造了一輛指南車。指南車子前面有個鐵製的小仙人伸出手臂，不管車子怎麼轉，小仙人的手臂永遠指著南方。這樣「高科技」的設備一出場，黃帝軍團終於能找到正確的方向，走出迷霧。

蚩尤不死心，派出最厲害的魑魅魍魎出陣。這些鬼怪會不斷發出怪聲來迷惑人心，黃帝的士兵一遇上他們，立刻暈頭轉向，刀也不要了、鎗也不抬了，一個個失魂落魄的，這仗還能怎麼打呢？

兵來將擋，水來土掩。黃帝知道魔怪最怕龍的怒吼，他讓士兵用羊角做成號角，發出低吟的軍號，那聲音遠遠的聽起來，就像是飛龍在空中

低吟般。

羊號角吹響了，魑魅魍魎一聽：

「龍……」魑恐懼的說。

「飛龍來了！」魅害怕的喊。

「快跑啊！」鬼怪發一聲喊，一個個渾身打顫，再也不能興妖作怪，黃帝的軍隊立即一擁而上，打了勝仗。

黃帝趁勝追擊。他的部隊中真的有一條神龍，名叫「應龍」。如果你看過《冰與火之歌》，裡頭的龍會噴火，最後的君臨城大戰，一條巨龍就把君臨城整個燒毀了。

黃帝的應龍飛上天，不過，牠噴的不是火，是水。牠一上陣就飛上天，居高臨下，向蚩尤陣中噴水。剎那間大水洶湧，波濤直向蚩尤衝去。

蚩尤不慌不忙，搬請風伯和雨師上陣。風伯吹動狂風，雨師收集應龍噴的水，他們兩人施展神威，反過來將狂風暴雨朝著黃帝陣中擊去。應龍只會噴水，不會收水，大水回過頭來淹沒了黃帝軍團。一時間，真慌了手腳。

黃帝的女兒「魃」要爸爸安心，她自己飛到戰場的上空。

魃住在崑崙山的共工台，經常身穿青色衣裳。魃的模樣並不漂亮（據說頭頂還禿了），身體卻裝滿大量的炎熱，熱度直達千度，遠遠超過現代的熔鐵爐。

魃加入戰局後，一脫掉外套，奇大的風暴剎時停止，風捲雲清，紅日當頭，酷熱得比下雨前還厲害。

蚩尤兄弟平時暴烈，但見到這陣仗也嚇呆了。黃帝的部隊趁機除掉幾個蚩尤的兄弟，減輕了威脅。

可憐的天女魃，幫助父親完成這件功業後，不知道是力量消耗太多，或是沾染了邪魔的力量，從此只能住在地面，再也無法上天作法。而她居住的地方總是乾旱千里，滴雨全無。人民受她的災害太大，非常痛恨，都叫她「旱魃」，只要發現旱象，總會想盡辦法趕走。魃就這樣被人趕來趕去，成為最不受歡迎的客人。

回頭看蚩尤，他承認失敗了嗎？

喔，不，蚩尤能在天空飛行，也能在崇山峻嶺間行走，雖然在戰場上折損幾個兄弟，但他本領這麼大，手下還有成千上萬的人馬，怎麼肯屈服在黃帝之下呢？

面對這樣強橫的對手，隨時都可能起兵造反，黃帝也很急。而且部下出征久了，士氣愈來愈低落，要打持久戰就要想想，什麼方法才能讓大家鬥志高昂？「大鼓，做面大鼓來提振士氣吧。」黃帝興奮的想到。

特別的愛給特別的你，特別的大鼓得有特別的材料，去哪兒找呢？

東海的流波山，有一種「夔」獸，牠長得像牛，不過沒有角；更奇特的是，夔獸是獨腳獸。你真的沒看錯，牠就只有一隻腳。然而一隻腳怎麼走路？怎麼跑步？或者牠都是彈跳，就像跳跳車一樣的運動？嗯，當年神話沒有解釋清楚，小朋友只好自己動動腦了。

總之，獨腳夔獸能自由的進出東海，每當牠在海面上出現，天地間必然伴隨大風大雨。而且，夔獸身上還會發出閃亮亮、日月般的光澤，牠大嘴一張、大吼一聲，聲音就像雷鳴。

「轟！」震得山川驚慌、人心惶惶！

黃帝派人捉了夔獸，剝下皮晒乾，做成一面鼓。

大鼓有了，還差一根鼓槌。黃帝相中雷澤的雷神。雷神，又叫「雷獸」，是個龍身人頭的怪獸。牠住在雷澤邊，閒得發慌時，喜歡拍拍自己的肚子。可怕的是，雷獸拍一下肚子，天地間就響一聲雷。黃帝派人把牠捉來殺掉，取出牠身上最長的骨頭，做成鼓槌。

可憐的夔獸和雷獸，如果生活在現代，人們一定會好生保護，至少也會把牠們的家規劃成國家公園，不讓閒雜人等跑進去。

可惜牠們生在神話世代，黃帝有需要，不好意思，那就只好剝皮取骨了。現在，有了大鼓、有了鼓槌，這兩件天地間最響的樂器一配合，發出的聲音比響雷還要響，可以傳到五百里遠。

大鼓連敲九通。剎時間，山鳴谷應，天地變色。黃帝的軍隊士氣大振，殺得蚩尤軍團丟盔棄甲，能飛的掉下來，能走的軟了腿，能跑的動不了，能游的沉進水裡去。這一次，黃帝打了大大的勝仗，感覺成功在望。

神話大人物

黃帝　在神農氏統治末期，黃帝的父親當上少典部落的首領，迎娶了有蟜氏的女兒附寶為妻，她就是黃帝的母親。有一天，附寶看到巨大的電光環繞在北斗天樞星周圍，光芒穿透夜空，照亮郊野，她受到感應而懷孕，經過二十四個月後，在三月初三生下了黃帝。所以民間有「二月二，龍抬頭；三月三，生軒轅」的說法。

根據記載，黃帝出生不久就會說話，具有神靈，與常人不一樣。黃帝本姓公孫，出生在軒轅之丘，因此以「軒轅」為名，稱為「公孫軒轅」。後來因為生長地在姬水河畔，便又改姓「姬」。成年後，接替父親的位置，成為少典國國君。之後四方歸順，少典國不斷壯大，改國號為「熊」，所以黃帝又稱為「有熊氏」。

蚩尤　東方九黎部落的首領。九黎部落民風驃悍，野蠻善戰，由蚩尤的八十一名兄弟統領，以蚩尤為部落首領。蚩尤的同母兄弟有八人、異母兄弟與同族堂兄弟有七十二人，一共是八十一人。蚩尤個性暴戾，善戰而且具有妖術，能號令鬼怪、呼風喚雨，還能請得動鬼神為他助戰，被稱為「戰神」，是黃帝非常強大的對手。

神話小知識

應龍 又稱「黃龍」、「庚辰」，是中國古代傳說中一種有翼的神龍，曾相繼為黃帝、大禹效力，殺蚩尤、夸父，擒無支祁，還曾經幫大禹治水。應龍很厲害，一點都不輸給《冰與火之歌》裡會噴火的龍。但是你知道嗎？隸屬於中華民國行政院的海巡署，也是以象徵「水神」與「戰神」的應龍為標誌喔。而這隻金色的雙翼神龍標誌，也早在海岸巡防司令部時，就是海巡的象徵了。

第7課

兄弟之間的戰爭（下）

炎黃大戰二部曲

蚩尤軍打了一場大敗仗，損失相當嚴重。算一算剩下的人馬，湊起來不到原來的三分之一。再聽得對面雷聲震動大地，蚩尤軍團的士氣簡直掉到谷底。

擺眼前兩條路：

一是投降。

一是被殲滅。

蚩尤不放棄，他決定去北方找巨人族的夸父來幫忙。

夸父族也是炎帝的後代，他們的祖父是掌管冥界幽都的大神后土。

幽都在北海，那裡有黑鳥、黑蛇、黑豹、黑虎，甚至連人都是黑色的。巨人土伯守在幽都大門口，牠是虎頭牛身，額上有三隻眼睛。當牠站在門口、搖著頭上那對銳利的角，那模樣，說有多可怕、就有多可怕，說有多威風、就有多威風。

蚩尤派去的使者見了夸父族人，提出幫忙的請求。

小部分的巨人對這提議沒興趣；大部分的巨人認為，當年黃帝打敗炎帝，炎帝又是他們的老祖宗……

「於情於理，我們都應該去。」巨人摩拳擦掌，興致高昂的加入黃帝與蚩尤的大戰。

巨人一加入，戰場的局面立刻不一樣。黃帝的士兵感受到大地咚咚響，抬頭一看，戰場另一邊出現幾座會移動的山。再定睛一瞧，士兵驚呼：

「那是……」

「巨人來了！」

「天哪，是巨人呀！」

夸父巨人，一腳踩扁馬車，一拳打退一隊士兵，黃帝軍隊潰不成軍。眼看敗象已露，就在大家驚魂未定時，大帳外來了一位奇怪的女子。她長得人頭鳥身，名叫「玄女」，說是天上得道的仙女。

黃帝疑惑的接見了她，玄女帶了驚喜給黃帝。那是一部兵法。有了這套來自天上的兵法，黃帝行軍布陣立刻提高了好幾個層級。蚩尤和夸父雖然力大無窮，但只靠蠻力打仗是不行的，他們一進入黃帝布的陣法，裡頭飛砂走石，火起風生，漫天大霧迷惑雙眼，無邊的巨石擋住退路，真是叫天天不應，喚地地不靈。

此時，應龍大展龍威，飛上高空，把來不及跑的蚩尤軍隊殺得片甲不留。夸父族人只恨爹娘沒多生兩條腿，巨人一奔跑，誰也不停留，片刻就跑得無影無蹤。蚩尤孤軍無援，只能束手就擒。

立下大功的應龍，照理應該受到黃帝的重用和獎賞。然而，就和女魃一樣，應龍打仗時沾染了蚩尤的邪氣，不但再也不能飛，黃帝也因為忙於征戰而忘了牠。不能升空的應龍最後躲到南方的山林，連帶使後來南方一直多雨，直至今日。

蚩尤被處死後，枷銬被拋到林野。那裡後來長出一片神奇的樹林，春天是嫩葉，夏天濃綠，只是到了秋天——也就是蚩尤被處死的季節——葉子就像鮮血般，變得一片通紅，人們都說，那是沾過蚩尤枷銬變出來的。

讀到這裡，聰明的你，應該可以猜出來，那是楓樹，每到秋天轉紅。

黃帝與蚩尤的大戰告一段落，想爭取上帝寶座的，也只剩下刑天了。

大戰終曲

刑天是巨人，也是炎帝的臣子，喜歡音樂。炎帝掌管宇宙時，他幫炎帝做過扶犁的樂章，也寫過慶祝豐年的詩歌。

一個喜歡音樂的巨人，卻想爭奪上帝寶座。他和黃帝之間的戰鬥，究竟是怎麼開始、怎麼結束的都沒人知道了，只知道刑天失敗，被砍了腦袋。

你以為故事要結束了？不，有趣的事才剛要開始。

首先，刑天原來並不叫「刑天」。大家原本不知道他的名字，直到他沒了腦袋，才把他喚作「刑天」。

「刑天」就是「斷頭」的意思。他的頭被黃帝埋到很遠很遠的常羊山。

神奇的第二點是，邢天沒了腦袋，但是他沒死。他不但沒死，還很憤怒，因為他找不到自己的頭。憤怒不已的他，把兩乳當眼睛，用肚臍當嘴巴。說他是第一代肚皮舞創始人，應該也不為過吧。

有的肚皮舞者是在搞笑，刑天不是。他憤怒，左手拿盾牌，右手拿大板斧，站在路中間，成天揮舞著板斧，用肚臍發出「噢噢」的叫聲。

說可愛很可愛，說可怕也很可怕。

大戰，真的停了，只留下依然拿著盾斧揮舞不息的刑天。

神話大人物

玄女　傳說中的女神。人頭鳥身，聖母元君弟子，黃帝的老師，曾幫助黃帝破蚩尤。在後代的通俗小說中，成為天書旨意的傳達者，也是指點迷津的女神。民間尊稱為「九天娘娘」，後來為道教所信奉，成為道教神系中，地位僅次於西王母的女天神。

在傳說或信仰中，九天玄女通常以兩種形象出現。

第一種是女戰神。傳說她不但精通兵法術數，也精通天地之道、陰陽之略，尤其擅長兵法，著有《天書》數卷。玄女送給黃帝那部用天上文字寫成的天書《龍甲神章》，是黃帝打敗蚩尤、平定四方的重要關鍵。

第二種是香神。根據民間流傳的說法，發明「香」的就是九天玄女，業者尊稱為「香媽」。據說最早「香」並不是用來禮佛敬神的供品，而是藥品，「香媽」還沒成仙佛之前，則是個非常孝順的女孩。有一次，她的父親生了場重病，根本沒辦法吃藥、灌藥。於是她精心調製，先將中藥材磨成粉末，再用糯米粉和水結合、碾成條狀晒乾，最後用火點燃一枝枝的香，讓藥氣由父親的呼吸進入體內，治癒了父親的病。

也因為在民間傳說中，九天玄女經常以救助危難、諳熟兵法、替天行道的形象出現，因此無論在中國道教與民間信仰，都有相當崇高的地位。

夸父　《山海經》裡記載的巨人，其中最為人熟知的，應該是「夸父追日」。夸父追趕太陽，追到太陽後，因炎熱而口渴，想找水來喝。他喝了黃河、渭河的河水，覺得不夠，想到北方喝大湖的水，還沒到達就在半路口渴而死。他的拄杖遺棄在那裡，化成了一座茂盛的桃林。

與夸父有關的記載很多，有些甚至互相矛盾。例如，夸父的死法至少有兩種，一種是夸父追日的「渴死」，一種是被應龍所殺。也因此，有學者認為「夸父」是一個部落，夸父族和蚩尤部落共同對抗黃帝部落，後來被黃帝的大將應龍打敗。

神話小知識

九天玄女的天書

據說，九天玄女傳授給黃帝的天書《龍甲神章》，是以天上的文字寫成，內容涉及了天地之道、陰陽機要、兵法、布陣、號令鬼神等天機祕術，是不是很厲害？黃帝拿到天書後，命令風后根據天書的內容，演繹出兵法十三章、孤虛法十二章、奇門遁甲一千零八十局等。

據說後來天書的內容一直在世間祕密流傳，曾傳給姜子牙、黃石老人，接著又陸續傳給張良、諸葛亮、劉伯溫。三國時代的諸葛亮曾布下石頭八卦陣，困住東吳幾十萬大軍，據說就是根據天書的奇門遁甲布下的陣法，可見天書的威力有多大。

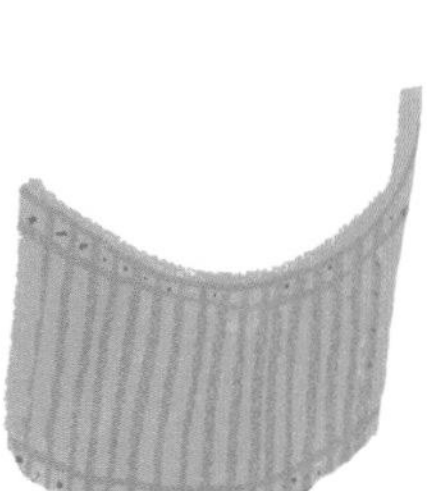

第8課

馬兒想娶美嬌娘
披著馬皮變蠶女

黃帝終於擊敗蚩尤了。

慶功宴在一個特大的廣場舉行，勝利的士兵，在《桐鼓曲》的樂曲中，踩著雄壯的步伐進來了。

桐鼓是一面巨大的鼓，每一個鼓聲，都能傳到十里外。

《桐鼓曲》是黃帝特別派人作的曲子，裡頭包含了「雷震驚」、「猛虎駭」、「鷙鳥擊」等章節。這樂曲專為紀念這回作戰所譜，紀念所有戰士的功績。

熊熊烈火，觥籌交錯之際，空中傳來一陣音樂，有個人從空中翩翩降落。大家仔細一看，更奇怪了，這人穿的不是衣服，而是把馬的皮披在身上，手裡捧著兩股絲線，黃色的像金子一樣燦爛，白色的比白銀還奪目。她自稱是「蠶女」，要把絲獻給黃帝。

披著馬皮的蠶女，是位美麗的姑娘。她為什麼披著馬皮成了蠶女，故事得從很久很久以前說起——

很久很久以前，有個男人要出門遠行。那時交通不便，傳遞訊息困難；他一出門，家裡的人便很久沒有他的消息。

男人家裡有個女兒和一匹公馬，女兒日日照顧這匹馬，心裡期待父親早點回家。

父親究竟去哪兒了？為什麼還不回家？

有一天，小女兒邊梳著馬毛邊說：「你說，你說，為什麼我父親不回家？你要是能把我父親帶回家，要我嫁給你當妻子都可以。」

小女兒說完，那匹馬竟然嘶鳴一聲，跳起來就跑走了。

公馬跑了好遠好遠，最後找到了小女兒的爸爸。這男人一見自己家裡的馬來了，以為家裡出了什麼事，否則好端端的，馬怎麼會不遠千里尋過來？這一想，心裡急，什麼也來不及說，翻身跳上馬背就這樣跑回家。

遠遠的，他看見自己家了。

沒有火燒、沒有水淹，朝思暮想的小女兒還跑出來：「爸爸，你真的回來啦？」

「家裡出了什麼事？」

小女兒一聽，眼眶有了淚水：「有有有，我好想你，你為什麼都不回來？」聽了女兒的話，男人決定暫時不回外地。他想到馬兒這麼通人性，對牠比往日更加不同，給最好的草料，送最清涼的泉水。然而馬吃得懶洋洋的，只有見到小女兒走近馬房，牠才歡喜得又蹦又跳。

「女兒呀，為什麼馬看見妳時，總是特別興奮？」爸爸問。

「難道牠把我那天的玩笑話當真了？」

小女兒把想念父親、託馬尋父的事講出來，她爸爸一聽，生氣了，一箭射死那匹馬，剝下牠的皮，晾在院子裡。

男人氣憤不已的大吼：「你是畜牲，懂了沒有？」

事情結束了嗎？

不。有一天，男人有事又得出門了。小女兒和鄰家小女孩在家門口玩，小女兒一見晾在杆子上的馬皮，心裡生氣：「都怪你，都怪你，笨馬想娶美嬌娘，現在剝皮在這裡晒，看你還作不作怪？」

話還沒說完，馬皮突然從杆子上飛撲過來，捲起小女兒朝院子跑出去。馬跑得快，馬皮跑得更快。鄰家小女孩還沒反應過來，馬皮已經捲著小女兒跑出院子；鄰居小女孩剛要喊救命，馬皮已經連著女孩消失在原野中。

男人終於回來了。一聽這事，立刻召集全村的人，拿著刀槍箭矢，帶齊火把和獵犬，一路跟著氣味來到了大山裡。

大山裡，有什麼？

幾十條獵犬朝著一棵樹拚命的叫呀叫。

那是一棵大樹，樹的枝椏間白絲細細的纏繞著，而吐出白絲的，竟然是男人的小女兒。她現在的樣子，連她父親也幾乎認不出來了。

她的頭像馬一樣，身體卻像肥肥的蟲，即使見到爸爸，她也叫不出聲音。

後來，大家叫這隻奇怪的生物「蠶」，意思是她吐絲「纏」住自己，這棵樹就叫做「桑」，紀念一條年輕女孩的生命，在這棵樹上「喪」失了。

神話大人物

蠶女　中國以農立國，「男耕女織」一直是最主要的生產形式，所以種桑養蠶、紡紗織布，就成了社會經濟的重要活動。蠶的頭很像馬首，馬皮蠶女就是一則關於蠶桑起源的傳奇故事。

蠶女也稱「蠶神」、「蠶馬神」，是騎在白馬上的女神。故事中的父親失去女兒後，非常傷心。有一天，父親忽然看見蠶女身旁跟著侍衛數十人，乘著流雲、駕著駿馬從天而降。蠶女對父親說：「天帝因為我的孝心，封我為仙，我在天界過得很好，請父親不用思念女兒。」說完後就乘雲而去。後來人們為了感激小姑娘帶來的絲綢，就尊她為「蠶神」。中國有些地方還有蠶神廟，蠶神娘娘是一位騎在白馬身上的美麗小姑娘。

神話小知識

干寶的《搜神記》

蠶女的故事，出自《搜神記》。《搜神記》是中國第一本志怪小說，雖然稱為小說，但作者干寶其實是著名的史學家。他自己曾經歷過兩次神祕的還魂事件。一次是父親的寵婢殉葬多年後竟然沒死，還說在墓中，干寶的父親經常給她飲食，兩人恩愛如常。另一次則是他的哥哥竟然在氣絕多日後甦醒，說看見了天地鬼神，猶如作夢一般。

也因此，干寶自己曾說，他寫《搜神記》的目的，是為了以嚴謹的態度來記錄鬼神的事蹟，被當時的人譽為「鬼之董狐」。《搜神記》也因而長期被列在「史」部中，做為鬼神的信史看待。

第9課

上古神犬盤瓠

金鐘裡的狗頭將軍

我們自稱是「炎黃子孫」，那是因為炎帝、黃帝的子孫眾多。他們多半留在天上當天神，但天庭太擠，於是有些下凡當起人王。例如帝嚳高辛氏，他是黃帝子孫中，第一個下凡當人王的。

高辛王娶了一位大耳朵的皇后，有一天，這個皇后的耳朵疼了起來。

在那個還沒有醫生醫院的時代，皇后的耳朵一疼就疼了整整三年。這事不稀奇，沒醫生怎麼幫她看病呢？

然而三年後，有一天，大耳朵皇后耳朵疼得受不了，伸指進去掏掏掏，竟然掏出一條三寸長的大金蟲。蟲一掏出來，皇后的耳朵就不疼了。

大耳朵皇后是個好奇的女生，她如果生活在現代，一定是個科學家，至少跟居禮夫人比起來，一點也不遜色。她仔細檢查這條蟲，愈看愈稀奇，先把牠放進葫蘆裡，試著用黑豆飯餵牠。

餵了幾天，葫蘆裡的蟲竟然變身了。這回牠變身成一條龍狗。她如果生在現代，鐵定拿諾貝爾獎——能把蟲養成狗，古往今來，誰做過這事呢？

這條狗全身長滿閃閃發亮的金毫毛，一衝出葫蘆、迎著風，竟然立刻長大，從頭到腳一丈二尺。因為是葫蘆裡跳出來的，所以就叫「葫蘆狗」。

高辛王有了葫蘆狗，開心極了，成天帶著牠，到哪兒都離不開牠。

沒多久，房王起兵造反。高辛王想不出方法對付他，對眾臣宣布：「誰能打敗房王，就封他萬戶侯，還能與小公主成婚。」

房王兵強馬壯，想和房王對抗是雞蛋碰石頭，眾大臣是聰明人，根本沒人敢答應。高辛王一看大家的反應，心裡更悶了。回到後宮，想找葫蘆狗聊聊天，沒想到找遍後宮都找不到。問下人，大家兩手一攤，沒人知曉。

原來，葫蘆狗離開王宮，直接往房王那邊跑去。房王的軍隊設得巧，遠在大海那一邊，葫蘆狗搖身一變，變成一條金龍，游過奔騰的大海，跳上岸，又變回原形。

葫蘆狗見了房王，搖搖頭、擺擺尾巴，逗得房王好開心，以為天上落下一條小狗來陪他：「你們看，你們看，連高辛王的狗都來投奔我了。」

當天晚上，房王大擺宴席，慶祝自己得此良犬。這一開心，連喝了幾十碗酒，倒在床上呼呼大睡。

葫蘆狗趁這機會，咬下房王的頭，掉頭就跑。

「那狗咬了房王。」

「快追呀。」

房王的部下騎著快馬，緊追著葫蘆狗。葫蘆狗奔到海邊，縱身一躍，又變作金龍游過大海。追兵一看大海阻隔，不見葫蘆狗的蹤影，只好垂頭喪氣的回家。

葫蘆狗把房王首級放到高辛王面前，高辛王高興的想賞牠幾塊骨頭，沒想到這條狗不吃不喝，成天在他腿邊嗚嗚叫。

「難道你想要……」

高辛王想起自己的承諾，他搖搖頭：「那怎麼行呢？狗是狗，人是人，萬般尊貴的公主豈可與小狗成婚？」

公主卻說：「許婚的命令是大王下的，大王就該遵守。葫蘆狗殺敵有功，為國家除掉大害，要是為了愛惜女兒微小的身軀，卻對天下人喪失信用，往後還有誰會相信您的旨意呢？」

高辛王還是猶豫不決，他向葫蘆狗說：「狗啊，你這樣不吃不喝，成天無精打采。我知道你想娶公主，但人狗怎麼成親呢？這事傳出去不就成了笑話？」

沉默的葫蘆狗竟然開口說：「大王，請別憂慮，你把我罩在一口鐘內，七天

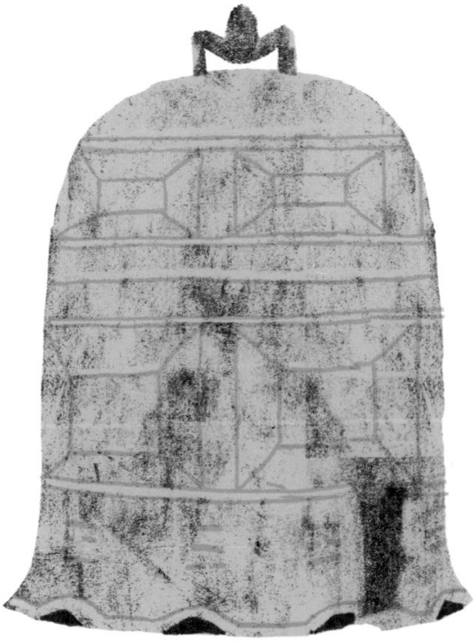

後，我就會變成人了。」

高辛王半信半疑的把鐘罩住葫蘆狗，一天、兩天、三天過去了，鐘內都沒有聲響。六天後，公主怕葫蘆狗餓死，悄悄打開金鐘一看，發現葫蘆狗除了狗頭之外，全身都變成人了，但也因為公主提早打開，狗頭無法再變。

葫蘆狗從金鐘裡大步出來，他披上大衣，公主戴上狗頭帽，他倆就在王宮裡成了婚。

後來，葫蘆狗帶著公主進南山。他們住在山洞裡，葫蘆狗負責打獵，公主穿起平民百姓的服飾，過起平民百姓的生活。幾年以後，夫妻兩人生下三子一女，還特別帶著孩子回去看望高辛王。

這些孩子都還沒有姓氏，他們請高辛王幫忙命名。出生時用盤子裝的長子姓盤。

出生時用籃子裝的次子姓籃。

小兒子想不出該賜什麼姓（當年物資跟現在不能相比，不然叫成電腦、滑鼠都有可能），就在高辛王快把鬍子揉斷之際，幸好天邊傳來幾聲滾雷：「那就賜姓雷吧，呵呵呵。」

公主的小女兒長大後，和一個勇敢的士兵結婚，跟著士兵姓「鐘」。籃、雷、盤、鐘這四大姓，相互婚配，子孫繁衍昌盛，成了國族，大家都追認葫蘆狗為共同的老祖宗。

神話大人物

盤瓠 就是故事裡的狗頭將軍。他是古代中國南方民族傳說中的神犬，也是瑤族、畬族的祖先。

根據《搜神記》的記載，高辛氏在位時，皇宮的一名老婦人耳中一直有聲音，後來取出了一隻小蟲。老婦人將小蟲養在對半切的葫蘆中，並用蓋子闔上。沒多久，小蟲變成一隻身上有五色（青、白、紅、黑、黃）的狗。高辛氏知道後，就賜名「盤瓠」。

近年來，有不少學者採集資料時發現，瑤、畬二族都有對盤瓠的描述，而且與《搜神記》的內容十分相似。其中，畬族甚至還流傳《狗皇歌》。這首民歌的基本情節跟《搜神記》相同，卻多了盤瓠在金鐘內變身成人的情節，並且詳細記錄了盤瓠子孫姓氏的來源。

這個故事有幾種不同的版本，但無論怎麼變化，基本的故事情節都是：第一，某首領遭遇某種急難；第二，一隻狗為首領完成工作；第三，狗與首領的女兒成婚；最後，狗和女子成了某族的祖先。

第10課

代替天地懲罰你

后羿射日，嫦娥奔月

「太熱了。」

「稻苗都枯死了。」

「天哪，怎麼辦哪？」

堯是高辛王最小的兒子，他接王位後不久，天空出現十顆太陽。陽光的熱度增加十倍，草木全被晒死了；吃草的動物餓死了，虎狼豺豹轉而吃人，人們餓得面黃肌瘦，躲在屋子裡，暗暗的祈禱：

「誰能解救我們呢？」

天空上的太陽哪裡來的呢？原來，東方天帝有兩個夫人，她們替天帝生了十個太陽兒子、十二個月亮女兒。古人說「多子多孫多福氣」，東方天帝也很開心，他讓兒子們住到東方外海的湯谷。這裡的水滾熱如湯，因此叫做「湯谷」。湯谷的中央有棵名叫「扶桑」的大樹，這棵樹有幾千丈高、一千多丈粗，十顆太陽就住在上頭。他們輪流出去當差，一個太陽回來了，另個太陽才出去。因為十個兄弟長得一模一樣，而且輪流出門，所以雖然太陽天天換，人們卻以為太陽只有一顆。

輪值的太陽搭乘羲和天后的馬車外出，每天的行程都有嚴格的路線控制，並不是想去哪就去哪。馬車由六隻金龍駕駛，由東到西，飛快在空中奔馳，有媽媽跟著，沒有太陽敢作亂。

但孩子畢竟是孩子，這樣繞行幾千年，孩子頑皮的個性占了上風，竟然偷偷商量：

「我們一次上去兩顆，你們說好不好？」

「要玩就玩大一點的。」有顆太陽提議。

「你是說三顆太陽同時升空？」有顆太陽興奮極了。

「不，我們十顆同登天頂，瞧瞧會怎樣。」這顆太陽一說，十兄弟全說好。

這一「好」，不得了，十顆太陽像十顆燈泡升空，他們不坐媽媽的馬車，往空中直接一蹦。

哇，十兄弟發現，廣闊的天空真是自由哪！愛聚在一起就聚一起，想分開遠一點就遠一點，誰也礙不著誰，誰也不用搶著跟誰要地盤。

「這些頑皮的孩子呀，還不下來？」羲和天后喊著。

「媽媽，我們多玩一下嘛。」十個孩子求著她，天后搖搖頭：「就一下下，久了可不行。」

苦。

那一下下，就讓大地遭了殃。作物枯死了，動物奄奄一息，人們只能向堯訴

堯是國君，他得處理。他天天向上天祈禱：「天帝啊，可憐可憐百姓，快把十顆太陽請回家吧。」

東方天帝也很頭疼啊！十個兒子法力無邊，根本勸不聽，但是堯的祈禱又像蒼蠅般，趕不走、揮不掉。

天上有位神射手，名字叫「后羿」：「你去把為害人間的野獸射掉，順便嚇嚇我那十個不成材的兒子。」

天帝給了他一把弓、一袋箭。弓是神弓，不是天神拉不動；箭是神箭，往哪兒一射就能射哪兒，簡直是天庭界的嚮導飛彈。

射日英雄除大害

有了神兵利器，羿帶著妻子嫦娥到了人間。他們在燠熱的大地上，見到愁眉苦臉、餓得皮包骨的堯，又接見了四鄉八里的百姓，聽大家說了十顆太陽作惡人間的苦惱。

羿很想幫大家解決痛苦，但天帝有交代，凡事要忍耐。他拿著神弓朝太陽們虛張聲勢：「回去湯谷，否則我就把你們射下來。」

十顆太陽拍著手：「好啊，好啊，射上來吧！」

「射中了給你拍拍手哦！」

十顆太陽調皮慣了，根本不怕羿。這一來，惹惱了羿，他決定就算天帝責怪，也要射下十顆太陽。

他無畏陽光熾烈，走出陰涼處，搭上箭，拉滿弓，對準空中太陽，「颼」的一聲射上去，箭飛得又快又準，直直射中太陽。

「太陽沒事啊。」人們瞇著眼看呀看，看到那顆太陽像喝醉了酒，搖搖晃晃、搖搖晃晃，最後傳來「轟」的一聲巨響，爆裂成無數小火球，墜落到地面。大家仔細一看，不是火球，是燃燒的金羽毛，最巨大的火球則是一隻金色的三腳烏鴉。

「涼爽多了！」

「太帥了！」

人們發出歡呼，直喊著：「再射，再射！」

既然都射掉一顆了，那就一不做二不休。羿連忙拈弓搭箭，朝著滿天的太陽東一枝、西一枝的射去。

太陽們嚇死了，東躲西躲，但天空根本無處可躲。而且羿的箭法又快又準，一枝枝箭就像有熱追蹤似的，逃無可逃。於是，一顆顆巨大的太陽迸裂成無數小火球落在人間，三足烏鴉一隻隻落地，人們又叫又跳，那種歡樂連羿都感受得到。

站在人群中的堯可想到了，十顆太陽為惡人間，但太陽的光芒無可取代，如果十顆太陽都消失了⋯⋯

這一想，不得了，堯急忙派人抽走羿的一枝箭。羿的數學應該也不好，箭少

了一枝也沒數，箭射完了，還以為自己把太陽都射掉了。剩下那顆太陽嚇得臉色蒼白，再也不敢作怪。

後來，羿把眼光朝向下山作怪的野獸：中原的猰貐會吃人，牠有牛的身體、老虎的爪子；南方的鑿齒人形獸軀為害凡間，還有生著九顆腦袋的九嬰、會搧出颶風的大風鷙鳥和洞庭湖裡的巨蟒、桑林裡的大野豬封豨……

這些怪獸，全被神射手羿解決了。

人們終於能安居樂業的過生活。

嫦娥奔月

羿除掉人間七大害，大家都感念他的功德，傳頌他的事蹟。羿也覺得自己完成天帝的使命，特地把在桑林殺的大野豬做成肉條，烤得外焦內嫩，帶回天庭，想與眾神分享。

「天帝一定會大大的誇我。」羿是這麼想的。

「你竟然殘忍的殺害了我九個兒子，」天帝是這麼想的：「去吧去吧，我再也不想看到你了，你帶著妻子去人間過活吧。」

滿心歡喜的羿，彷彿當場被潑了一盆冷水。

他回家跟嫦娥訴苦，希望得到一點安慰。

「留在人間做凡人？」嫦娥的反應超乎他的預期，她又氣又急：「我是天庭的仙女，竟然被你牽連去當凡人。人都會死，死了就要去地底的幽都和鬼魂同住，過著悲慘的生活。我不要，我不要，你要想辦法。」

「想辦法？」羿兩手一攤：「我哪有什麼辦法？除非讓九顆太陽復活。」

「我聽說，」嫦娥眼珠子一轉：「崑崙山的西王母有一種藥，人一吃，就能長生不老。」

「娘子說得對，」羿拍了自己額頭：「妳看，我一急就什麼都忘了。對對對，我也聽說西王母有長生不老藥，放心，我馬上向她求藥去。」

第二天早晨，羿騎上快馬，帶著弓箭、乾糧，朝崑崙山出發。

崑崙山是西方的神山，黃帝住在這裡，西王母也住在這裡。崑崙山下面有弱水環繞，掉下去就是無底深淵，連鳥羽都會下沉；外面是火焰包圍，大火晝夜不息，任何東西一碰上，都會燃燒殆盡。

羿靠著除七大害時殘留的神力，與堅強不屈的意志力，居然通過了水火的包圍，登上了崑崙山。長生不老藥不好取，崑崙山頂長著幾丈高的稻子，還有守著門口、九顆人臉虎身的開明獸。要不是羿還有點殘存的神力，自古至今，還真沒人上去過。

羿見到了西王母，王母同情他的遭遇，佩服他為民除害的勇氣，送他兩包長生不老藥。

西王母告訴羿：「不死藥來自不死果，不死果採自不死樹。這樹三千年開一次花，六千年結一次果，製成的藥也就剩這兩包。吃一包能長生不老，吃兩包就能升天成仙，你要好好保管。」

羿謝過西王母，經過千山萬山的歸程，終於帶回不死藥。他高高興興的把藥交給嫦娥：「找個良辰吉日，我們一起把藥吃下去。我不想再升天了，只要能留在人間，長生不死，我就心滿意足了。」

嫦娥的想法，和丈夫完全不一樣。

「我本來就是仙女，都是他自己闖了禍，這才連累了我。他要還，至少也該還我仙女的身分才是。」

主意既然打定了，嫦娥也不再等什麼良辰吉日。她趁羿出門辦事，把兩包藥拿出來，自己全吃下肚。

見證奇蹟的時候到了。

嫦娥覺得身子漸漸輕了，腳跟離開地面了。一陣清風吹來，她開始往上飛。

飛飛飛，飛飛飛，嫦娥飛出窗口，飛過院子的銀杏樹，飛上了宮殿的屋頂，還繼續往上飛。

該往哪兒飛呢？

嫦娥在空中可沒有自動駕駛，也沒有羅盤看方位。夜晚的天空，只有一輪明月。如果她飛回天庭，一定被仙女們嘲笑，她抬頭看了一下，決定先飛到月亮躲一躲。

她飛到了月亮，這才發現月宮好冷。這裡有隻蟾蜍、有隻白兔，院子裡種了棵大桂樹，除此之外，什麼也沒有。嫦娥到的那一年，之後還要等好久好久，才會出現砍樹的吳剛。

寂寞的嫦娥，守著冷清清的月宮，天天看著人間家家戶戶團圓和樂，後悔自己貪心，成了天下最孤單的神仙。

她懊悔，想回人間向丈夫認錯。但是既然吃了藥，她的願望再也無法實現。從此月宮多了個女主人，一個寂寞孤單的女人。

回頭說到羿。羿回到家，發現妻子不見了，桌上的藥包也空了。他明白這是怎麼回事，他的憤怒卻永遠找不到出口。他抬頭，天上有一輪明月：「明月啊明月，你知道嫦娥在哪兒嗎？」

明月不會說話，不然應該會告訴他：「你的夫人就在這裡哪！」

神話大人物

嫦娥　也稱為「姮娥」、「常娥」，美貌非凡，溫柔賢慧，是后羿的妻子，為了保持年輕美貌、維持仙女的身分，自己偷偷服用了西王母賜給后羿的不死藥而奔月。

還有一種說法是：后羿射下危害百姓的九個太陽後，受到人民的擁戴而登上王位。然而，他愈來愈驕傲、狂妄，也愈來愈放縱自己，反而成了暴虐百姓的大害。后羿和嫦娥是神的使者，下來人間拯救世人之後，本來應該一同回天上覆命。但是嫦娥管不了、也喚不醒沉迷人間的后羿，為了百姓著想，她不能讓變成暴君的后羿長生不老，只好吃下仙藥，獨自奔月而去。

第11課

你是真的想贏，或只是不想輸？

嫉妒能殺人：逢蒙弒羿

這天，有個年輕人逢蒙帶著妻子，不遠千里而來，找后羿學射箭。

羿笑了笑：「射箭？你眼睛都還沒睜開呢，怎麼射箭呀？」

逢蒙不懂：「我的眼睛這不是睜得大大的嗎？」

「想學射箭，得先把眼睛練到不眨。你練好了這本領，箭術就好了。」

「眼睛怎樣才能不眨呢？」逢蒙回家，妻子正在織布，織布機尖尖的梭子來回穿梭。逢蒙有了靈感：他成天坐在織布機邊，從早到晚盯著穿梭不停的梭子看。

日子過得像黃河的水，流過了便不再回。轉眼過了兩年，逢蒙的功夫練成了嗎？嘿，兩年後，即使有人拿錐子逼近他的眼珠，他眨也不眨，渾像什麼事也沒發生。

逢蒙得意極了，在羿面前表演這功夫。羿看了，笑了笑：「你學會第一步，現在起，你得學著看東西。只要能把細小的東西看成巨大的東西，把不顯眼的物品看成顯眼的物品，那就大功告成了。你回家練練看吧！」

小的變成大的？

細的變成巨大的？

逄蒙想當神射手，把老師的話當成聖旨。回到家裡，他從犛牛尾巴拔下一根長毛，上頭拴了一隻蝨子，懸掛在窗前每天用力瞪著看。

看呀看，那不起眼的蝨子愈看愈大。

三年後，他眼裡的蝨子簡直像馬車輪。他的眼力練好了，十里外的蒼蠅腳都能看得一清二楚。

「老師呀，我練成了，我練成了！」

羿一聽，很歡喜，拍拍逄蒙的肩頭：「今天起，你可以拉弓射箭了。」

師徒二人，天天練習。羿是很好的老師，毫無保留的傳授箭藝給勤奮的逄蒙。

沒多久，逄蒙的箭術幾乎和羿一樣好。大家提到神箭手，總是把羿和逄蒙相提並論。

羿很開心，知道自己有個好徒弟。

逄蒙卻不開心，他討厭大家拿他跟老師比。他不是虛心，而是覺得嫉妒，私下認為老師的箭術並沒他高明！

「明明是青出於藍而勝於藍！」逢蒙心裡不只一次這麼想。

證明的機會來了。有一天他們騎馬出去打獵，天空飛過一群大雁。羿讓逢蒙先射，逢蒙連發三箭，把飛在最前頭的三隻大雁全射下來，本來排得整整齊齊的雁群驚嚇得四處翻飛。

羿不慌不忙，從箭袋裡拿出三枝箭，「咻！咻！咻！」每一枝箭射出，空中就掉落一隻大雁。逢蒙這才相信，老師的箭法還是比他高了不只一截。

就在那時，嫦娥奔月了。

嫦娥飛上天後，羿老望著天空發呆，猜想嫦娥的下落。但浩瀚的星河裡，哪顆星星才是嫦娥的歸宿呢？

那時沒有天文望遠鏡，羿找不到妻子的下落。

羿的心情糟，天天帶著人去打獵，回到家就借酒澆愁。酒喝得愈多，心情就愈不好，見誰就罵誰，看誰就厭誰，連逢蒙也不例外。

「就你那箭術，也敢在我面前拉弓？」羿喋喋不休的樣子，簡直像個糟老頭。逢蒙本來就很嫉妒羿，現在被他天天這麼罵，不禁萌生罪惡的念頭。

這天傍晚，太陽落得快，羿騎著馬打獵回來。快到村子口，暮色裡的樹林突

然有個人影一閃，「嗖」的一聲，一枝冷箭朝他飛來。

電光火石間，羿拈弓搭箭，一箭射出，兩箭在空中相遇，箭尖相互一撞，迸出一點火星，同時墜落地面。

對方一箭未中，再來一箭。羿藝高膽大，對方射來一箭，他立刻回射一箭，對方一連射出九箭都被他擊落。羿從對方的快箭手法認出，那是徒弟逢蒙。

羿心裡明白，逢蒙今天要置他於死地。此時他的箭已用完，逢蒙的箭卻有如流星般而來。羿躲無可躲，一箭射中他的嘴巴。羿墜落馬下，樹林裡發出一聲喝采——果然是逢蒙。

「哼，還說你是神射手，不過爾爾。」逢蒙走來，正想看看羿，躺在地上的羿卻突然坐了起來，吐出口中的箭鏃：

「枉你白費這些年功夫，連我教過你的『齧鏃法』（用牙齒把箭頭叼住）都忘了嗎？」

「老師，我只是跟您開個玩笑，請饒恕弟子……」逢蒙連忙把弓抛在地上，撲倒在地。

羿被他懺悔的樣子感動，以為自己沒教好這徒弟，不但饒恕他，還更嚴格的要求他，希望他除了箭法變好，人品也要跟著提升。

逢蒙變好了嗎？

他砍了根桃木，削成一根大木棍，隨時帶在身上。生性寬厚的羿問他木棍做什麼用，逢蒙說是射了野豬，野豬若近身撲來，木棍可防身。

羿對自己徒弟沒有半分的防備，光顧著天上那排成「人」字形的雁群，根本沒注意身邊那早已忘了為「人」的徒弟。

逢蒙把棍子舉高，朝老師頭上擊落。

羿一定直到死前都還不明白，徒弟為什麼狠得下手殺害自己？

而聰明的孩子應該早早學過：嫉妒能殺人。童話故事裡的白雪公主，不是早就告訴我們了嗎？

神話小知識

歷史上的后羿

「后羿射日」跟遠古時期的神話故事（例如盤古開天、女媧造人、夸父追日、精衛填海等）很不同的是，主角后羿不僅是傳說中的人物，歷史上也真的有這個人。有一種說法是，故事中的后羿，是以歷史上的羿為原型創造出來的。

歷史上的后羿出生在四千年前的夏朝初期，是東夷地區（約在今天山東省）的部落首領，也是知名的神射手。

當時的夏王太康不是賢德的君主，他不思朝政，每天遊山玩水，引起人民的不滿。后羿利用機會以武力推翻了太康的統治，立太康的弟弟仲康為名義上的夏王，他自己則掌握國家大權。

后羿和太康一樣喜歡享樂、遊玩，他把管理國家的事都交給大臣寒浞，大權逐漸落到寒浞的手裡。有一天，寒浞殺害了后羿和他的兒子，沒多久仲康也因心情抑鬱而死，寒浞就讓仲康的兒子相繼承了王位。

相不願意當傀儡，在逃亡時被殺，他的妻子躲過搜捕，生下兒子「少康」。少康後來在百姓的支持下，占夏朝都城安邑，這就是歷史上有名的「少康中興」。

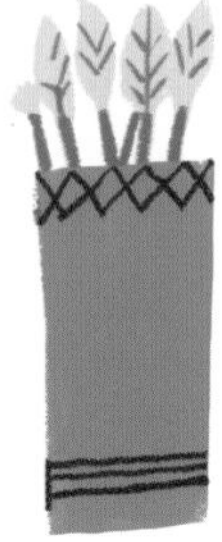

第12課

家有壞壞三人組
舜的孝心連天都感動

「害不死！害不死！這怎麼可能呀？」

說這話的人，牙齒咬得惡狠狠的，她是舜的後母——壬女。

壬女是個邪惡的女人。可憐的舜，出生沒多久媽媽就過世了。他的爸爸是個盲人，不但眼盲心更盲，才會把壬女這麼可怕的女人娶進門。

後母壬女剛進舜的家，原本還相安無事。但是等她自己生了孩子——象，一家的生活就跟往常不一樣了。

壬女是後母，偏愛親生的兒子象。她擔心象分不到家產，三番兩次要置舜於死地。

平時打打罵罵那是少不了的。遇到工作、勞動，她第一個想到的就是舜。舜這個孩子死心眼，後母對他愈壞，他愈懷疑是自己沒把事辦好，才會害媽媽這麼生氣，對後母更盡心盡力。

一計不成，再生一計。

惡毒的壬女，有想不盡的毒招。她拿出兩袋豆子，要舜和象去田裡種。「長出豆苗才能回家，誰的長不出來一定是貪玩不認真，那就別回來了。」

「好的，媽媽。」兩個孩子提著豆子，一腳高一腳低的往山裡去。他們可沒看見，壬女的嘴角拉出一道邪惡的曲線。她在笑——她給舜的豆子早就炒過了，炒過的豆子哪能發芽呢？

兄弟倆要去不同的田裡種豆，走到岔路，坐下來休息了一會兒。臨走時，因為袋子一模一樣，哥哥拿了弟弟的袋子，弟弟提走哥哥的袋子。

過了幾天，舜的豆子長出來，平安回到家；象的地裡卻什麼也長不出來，久久不能回去。壬女看到舜回來了、象卻沒回家，心裡明白怎麼回事，氣急攻心，病了一場。

舜是個好哥哥，看到象沒回來就去找他，發現象餓得前胸貼後背，倒在地上，舜立刻把弟弟背回家。壬女感動了嗎？

壞心腸的人，豈是那麼容易動情的？

不，她一計不成，又生一計，時時不忘去跟眼盲的丈夫說舜的壞話。

「你那兒子呀……」

「舜真壞呀！」

眼盲心也盲的父親一聽，怒火中燒，動不動就毒打舜。舜總是任由父親動手，絕不反抗。有時怕父親打得太勞累，還會躲進山裡，以免父親知道他在家又要生氣。

舜終於長大了。十八歲那年，父親給他一小塊耕地，讓他一人到歷山居住，自立謀生。

舜吃苦耐勞，鄰人的事他熱心幫助；不認識的人來託付他，他也盡心幫忙。他在歷山耕種沒多久，附近的人家受他的感召，都學習他大公無私的精神。

他種田，歷山邊的農夫相互讓起田界，沒人斤斤計較。

他捕魚，河濱邊的漁夫相互讓起漁場，不再彼此爭鬥。

他伐木造屋，林場裡的樵夫學著他，相互扶持。

舜走到哪裡，哪裡就充滿了笑聲。歷山腳的小村子，沒多久就招來更多人，小村莊成了大城鎮，城鎮變成了都市。

當時治理國家的是堯，他的年紀漸漸大了，得找接班人。堯的兒子丹朱不成材，聽到大家都讚美舜，他決定把兩個女兒娥皇和女英嫁給舜，讓他們一起生活，順道看看他是不是名不副實。

哇，這真是年代最古老的美人計了！如果舜虛有其名，堯會不會逼自己的女兒離婚呢？

幸運的是，舜真的和傳說的一樣好。堯很開心，賜了他衣服和古琴，還給他牛羊，為他修築穀倉。

留在老家的父親和後母聽說舜成功，一定高興極了？

可惜，你猜錯了。

眼盲的父親生氣呀，氣量小的後母咬牙呀，曾受舜幫助的象捶著地呀。

這一家子竟然怒吼：「這是什麼天理呀，為什麼他好我們不好？」

對呀，這是什麼天理，怎麼有這樣的一家子？

一肚子壞水的象，奉了壬女的命令來找舜。

「哥哥，你真是發達了！田地作物如此豐盛，屋子這般寬敞，不像我們的老家，一下雨就漏得滴滴答答。」

「漏雨呀，那是年久失修。沒問題，我回家修一修就好了。」舜全心全意待人，根本沒有提防家人。

舜向兩位夫人告別，娥皇、女英說什麼也不放他回去。她們聽說老家那幾個人的壞事，很擔心。

「但是，我自己住好屋子，讓爸媽住漏水的屋子，這怎麼也說不過去呀。」

娥皇說不過他，從衣櫃裡拿出一件鳥紋的披風：「穿上吧，這是我嫁來你家時爹送的衣服，你穿上它，我才放心。」

舜為了安娥皇的心，穿上鳥紋衣，爬上老家屋頂，抽掉舊的草，細心的鋪上新草。他正努力時，壞壞三人組也沒閒著，一個點火、一個放火，一個怕火勢不夠大，拿著斗笠拚命搧呀搧。

火勢衝天，四面八方都著了火，待在屋頂的舜無路可逃，倉惶中兩臂一伸，往下一跳。

神奇的事發生了！就在他以為自己要跌斷腿時，那伸出去的手臂竟然變成翅膀！他輕輕一拍，人就飛了起來，平安降落。

娥皇的鳥紋披風幫他度過一次危機，逃過壞壞三人組的歹計。

壞壞三人組眼看毒計被破解，只好假惺惺的安慰舜，說是不小心走了火，還好他沒事。壬女還說：「你要是能把那口古井淘淘，我們就不用走到河濱去取水。」

女英不放心，她交給舜一件龍紋衣：「穿上吧，誰知道他們還有多少花樣呀？」

舜乖乖聽了妻子的話，穿上龍紋衣，下到井底淘泥砂。

果然，他一下了古井，壞壞三人組又發動攻勢了。他們合力封住井口，還用巨大的石塊壓住，任憑舜叫破了喉嚨，他們就是狠心的不應答，三個人聚在屋子裡，開始計畫怎麼分配舜這幾年賺的財產。

「喚他回來修屋頂的是我，壓大石頭也是我，他的牛羊、田地全給爸爸和媽媽，那把古琴和他的家全給了我吧。」

壞心腸的象就像個主人，大搖大擺走進舜的家。他拿了舜的琴，坐下正想開始彈，這時門口有人走進來，他抬頭一看，赫然發現來人竟然是舜！

「你……你不是……」

「我淘好井，回來啦。」舜說得很自然，就像什麼事也沒發生。

原來，他落入井底，發現出口被填住了，只好往斜邊挖土，身上的龍紋衣發出一陣光，他竟變成一條金色蟒龍，輕輕一鑽，就鑽出一條路。

舜回來了，壞壞三人組成天疑神疑鬼，擔心舜會找他們報仇。寬宏大量的舜卻像以往一般，對父母孝順，對象慈愛。

堯聽了娥皇、女英的報告，想把國君的位置傳給他，出了最後一道考驗：在大雷雨即將到來的時候，獨自走進山林裡。

這是終極考驗？

舜欣然接受挑戰。他在雷雨將至的午後，一個人走進不見天日的深山老林。那座山裡全是毒蛇猛獸，普通人別說走進去，光在林子前站一下都會嚇得兩腿顫抖。舜沒有遲疑，神態從容的走進林子裡。

毒蛇見了他，立刻遠遠逃開了。

豺狼虎豹見了他的身影，竟然立刻蹲伏低下頭來。

狂風暴雨來了，昏暗的林子裡，每棵樹看起來都像張牙舞爪的怪物，霧氣瀰漫四面八方，誰能辨出方向？

舜卻照著自己的步伐，穩定的找到林子出口。這下子，堯再也沒有任何一絲懷疑，把國君的位置讓給了舜。

舜不負堯的託付，把國家治理得很好，百姓安居樂業，日子過得有滋有味。後來呀，舜也老了，不幸死在巡視南方途中的蒼梧之野。消息傳回國都，人們都像死了親人般的悲傷。

娥皇、女英和他共同生活了一輩子，聽到舜過世了，悲痛的坐上馬車，往南方疾駛，傷心的眼淚不斷掉落。點點淚珠灑在南方的竹林上，全成了竹林上斑斑點點的淚痕。

這樣的竹子，後來稱做「湘妃竹」，盛產在南方，紀念這段思念夫君的情感。

最後，她們到了湘水邊。不幸一陣大風吹，她們乘坐的船被吹翻，遺恨從此留在湘江，成了湘水中的神靈。

天氣晴朗，江水和緩，江風舒暢，人們知道，那是湘江女神心情特別好的時候。有幸的旅人，能在江上看見她們美麗的眼眸閃耀。

陰風怒吼的日子，江水變了臉，漁夫會告誡遊客別乘船出航，湘江女神今天心情糟，出航的船隻可能碰上女神派出的妖獸，滿天亂叫的神鳥……

舜葬在蒼梧的九疑山之南。這座山有九條溪流，因為每一條溪的溪谷、山林都長得很像，不熟悉地形的人一進入當地，很容易被迷惑，因此叫「九疑山」。

神奇的是，九疑山下來了一頭長相奇特的巨象，在春、秋兩季耕舜的祀田。巨象不只來一年，牠每年都來，但是怎麼來的、到哪裡去，一直沒人知道。

又過了幾年，村裡的人發現，有個男人跪在舜的墓前放聲大哭，神情是那麼悲悽。哭完後竟然變成那頭巨象，轉身就去耕舜的祀田。

大家猜測那是舜的弟弟象，他懺悔自己過去所作所為，才會變作巨象幫哥哥耕田。

象去世多年後，人們在舜的墳旁蓋了一座亭子，名喚「鼻亭」，亭裡供奉象的神主。這一對同父異母的兄弟，終於在這麼多年後，相親相愛的永遠在一起了。

神話大人物

舜 姓姚，名舜，因為兩眼都是雙瞳孔，又名「重華」，號「有虞氏」，故又稱「虞舜」。舜是中國上古時代的五帝之一，也是道教的「地官大帝」，與「天官大帝」（堯）、「水官大帝」（禹）合稱「三官大帝」，大家所熟知的中元節就是「地官誕」。

中元節和上元節、下元節合稱「三元節」，崇祀三官大帝天官、地官和水官。這樣的信仰，源自於中國上古時代，天子祭天、祭地和祭水的禮儀。中元節本來是為了初秋慶賀豐收、酬謝大地，是漢族的傳統節日，後來因為道教視為「地官赦罪日」而成為道教節日，又因為舜非常孝順，所以中元節又叫「孝子節」。民間在這天會殺雞宰豬，準備豐盛的酒肉祭品，祭拜祖先與陰間鬼魂。民眾也會聚集到廟宇，將豐盛的祭品普施給遊魂野鬼，稱為「中元普渡」。

神話小知識

「氏」是什麼意思？

如果喜歡看中國神話故事，你一定會發現，裡面有好多人都叫做「★★氏」，例如前面提過的伏羲氏、神農氏，或是教人鑽木取火的燧人氏、教人構木為巢的有巢氏。其實，上古時代稱「氏」，最早都是對神或半神降生人間的尊稱，有「半神」的含義。他們在人間的後代，就以相應的「氏」流傳稱呼，可說是最早的「貴族」。後來其他家族也紛紛仿效，以和自己相應的「氏」來傳稱；到後來，又和從母系傳稱的「姓」合而為今天的「姓氏」。

第13課

天神的懲罰

大禹治水三部曲

首部曲：偷盜治水的祕密武器

堯在位時，人們生活十分和樂，吃得飽，穿得暖。或許是好日子過久了，許多人變得懶散，不愛工作，連食物也不珍惜。

天上的神幾次向人類明示暗示，要懸崖勒馬，不要一錯再錯，但好吃懶做慣了的人類，豈肯聽勸呢？

他們甚至嘲笑神仙顯現出來的暗示：「胡說，哪來的天神？」

神被激怒了，天帝派出水神共工，讓他引發一場大洪水，教訓教訓自滿過頭的人類。

共工得到這個大顯身手的機會，開心的下凡執行命令。

只見共工伸手一推，長江被推出一個大洞；共工腳一跺，黃河的水漫過了原野。蒼莽大地洪水四漫，人們想跑跑不了，想逃逃不掉，多數的人全被捲進滔天洪水中，只有最幸運的人逃到山上，覓著洞穴藏身，或是爬到樹上築巢。

滿天神佛都覺得人類咎由自取，不值得同情。

有個善良的天神「鯀」，動了憐憫之心。鯀是黃帝的孫子，他耳中聽著人們的哀嚎，一心想讓人們從洪水中脫難，不只一次向黃帝請求：

「這樣的苦難，難道還不足以彌補過錯？」

「您給他們的災難，應該適可而止，他們也是你的子民呀。」

「把洪水的命令收回吧，您可是要照顧百姓的神呀。」

固執的天帝根本不聽他的勸告，大手一揮，就把他揮到了半空中。

鯀搖搖頭，既然天帝勸不動，那就自己來吧。他曾聽聞祖父有種神奇的寶物「息壤」，這寶貝祕密的藏在天庭深處，看上去沒有多大一塊，但是只要弄出一點點，把它往地上這麼一擲，息壤立刻生根發芽，一長長成堤防，一長長成小山，洪水再無法作惡。

鯀特別選了個夜黑風高的晚上，天庭的看守沒有往常緊密。好心的鯀，順利偷到了息壤。他下凡到人間，哪裡有洪水，他就往洪水邊丟那麼一小塊息壤。果然，息壤一碰著水，就像火遇著紙般瘋狂的生長，積土成堤，累堤成山。一座座的大山，擋住了洪水的勢頭，被洪水趕到高山上的人們，終於在苦難的大地上，重建了家園。

「謝謝鯀。」

「感謝萬能的鯀。」

人們歡呼的聲音響徹雲霄，當然，也傳到了天庭。

天帝惱呀！既惱自己家裡出了不聽話的孩子，更恨他管的天庭有神仙膽敢偷竊、違背命令。天帝再無遲疑，派出火神祝融，把鯀賜死在羽山上，收回被他盜走的息壤。

羽山在北極，太陽與月亮終年照不到。羽山的南邊是雁門，住著神龍「燭龍」，長著人臉龍身。燭龍有千里長，嘴裡銜了一根火燭，照耀著北極的陰暗。而可怕的幽都，應該就在它的附近，為人類犧牲性命的鯀，就葬在這個地方。

二部曲：組成治水者聯盟

鯀雖然死了，因為他治水的心願未完，精神靈魂不散，這股毅力保全他的屍體三年不爛。更讓人驚訝的是，一個小小的生命，就在他肚子裡孕育。他用自己的精氣心血保全這個小生命，繼承他的遺志。

萬能的天帝也知道這件事了。他擔心再下去，鯀的屍體會化成其他精怪，於是派天神拿「吳刀」來到羽山，把鯀的屍體剖成兩半。

這一刀下去，出現兩條奇怪的龍。

第一條龍是條虬龍，頭上有利角，身上有鱗片。牠盤曲騰躍升上天，這就是鯀的兒子「禹」。

另一條龍是黃龍，那是鯀的屍體變成的。牠趁天神不注意，一跳跳進羽山邊的溪底，擺擺尾，不見了。

天帝聽到鯀的肚子生出龍，很擔心違背命令的天神，他的後代繼續違背命令。

「那麼，鯀當時為什麼會違背命令呢？」天帝擦擦汗：「起因是大洪水呀，如果洪水退了，違背就不再是違背了。」

一理既通，天帝再也不用自尋煩惱。他悔恨自己當時命令太絕決，召來鯀肚子裡出生的虬龍。這條虬龍落地後成了人——禹，禹就是鯀肚子生出來的孩子，立志要幫鯀完成心願的人。

天帝答應禹治水的請求，把息壤送給他，還派當年大戰蚩尤立功的應龍協助他。

禹攜著息壤，帶著應龍來到人間，想要平定大水。這一來，可惹火了水神共工。共工奉天帝的命令引發大洪水，他覺得自己還沒過足癮，怎麼就有人要來搗亂了呢？

他決心，禹治水到哪裡，他就搗蛋到哪裡。

天下有這樣不明事理、專害百姓受苦的神嗎？

有啊，共工就是。

他把大水由西向東漫去，直淹到東海邊的空桑為止。

由西到東，絕大部分的中原大地都陷入洪水之中。禹看見共工這麼惡劣，只能號召天下眾神，邀請大家到會稽山，組成堅強的復仇者聯盟。

眾神聽了禹的旨令，全都準時來報到，只有防風氏遲到。

防風氏趕來了，禹怪他不遵號令，處死了他。一、兩千年後，春秋時期，吳國與越國打仗，吳王攻破會稽城，挖出一根樣子不像人類骸體的骨頭。那骨頭之大，要用整部車子才裝得下。大家都不認識，有人拿去請教孔子，孔子才說出，那就是兩千年前被禹處死的防風氏的骨頭。

從這裡可以證明禹的神力和威力有多大。

禹率領天下群神和共工作戰，共工武力再大，也無法與天下為敵，最後被趕跑。

三部曲：擒服推澮水神無支祁

共工走了，可以安心治水了。

禹讓一隻黑色大龜馱著息壤，自己跟在後頭，只要發現哪裡的水池特別深，他就丟塊息壤把地填平。他也用息壤把人們居住的地方墊高，息壤長出來的高山，就成了今天各地的名山。

禹知道治理洪水不能單靠堵塞，還得讓洪水有地方跑。他讓應龍走在前頭，用牠的尾巴劃地。應龍尾巴指著的地方，禹就率領百姓開鑿水道。洪水一股股被引到大海，而他開鑿出來的水道，就成了今天各地的大江大河。

禹治理洪水，最頭疼的是桐柏山。他去了三次，三次都是雷電交加，狂風暴雨不斷，連走路都困難了，怎麼治水呢？

「這一定是怪物在作怪。」禹召集天下的眾神，下令要大家想辦法除妖。方圓百里的神都趕來，他們怕禹怪罪，紛紛跪著向他磕頭，請求饒命。禹懷疑他們包庇怪物，就把幾個特別滑頭的扣起來細細審問。

這一問，果然問出怪物的名字。原來，淮水和渦水間有個名叫「無支祁」的水怪，自稱「推渦水神」，法力高超，普通的神都被他治得死死的。

無支祁長得像隻猴子，不會說話，力氣勝過九頭大象，脖子可以伸到百尺長。而且他身形靈活，即使被抓住依然蹦蹦跳跳，沒人拿他有辦法。

讀到這裡，想到誰？

沒錯！後來有人說，無支祁就是孫悟空的原型，最早創作的樣子。孫悟空可以大鬧天庭，無支祁也鬧得禹頭疼。

怎麼辦呢？

禹把自己手下的大將一個一個派出去。

先派天神童律出馬，童律不敵。

改派烏木由向他挑戰，烏木由也被打敗。

最後，禹派出外甥庚辰，終於制伏無支祁。

無支祁雖然被制伏，桐柏山上的精怪卻都跑出來了。無支祁的勢力遍布整座山，精怪繞著庚辰不斷嚎叫奔跑，用盡方法要搶回無支祁。

庚辰手持大戟，把山精水怪全都趕回去，無支祁失了同伴的助陣，這才低頭降服。

禹用鐵鎖鎖在無支祁的脖子，鼻孔穿了金鈴，把他鎖在桐柏山下的古井裡。

無支祁問禹：「你把我鎖進去，什麼時候放我出來？」

禹指著井邊的石柱說：「什麼時候石柱開紅花，你就能出來啦。」

無支祁被擒後，治水終於有了進展。被共工引出來的洪水，漸漸流進大海，人們又可以過著快樂幸福的生活。

然而，鎖著無支祁的那口井呢？

春去秋來，幾千年後，來到了清朝末年。這天天氣熱，兩個公差抽了一個犯人去南陽，經過桐柏山下古井邊，他們走得又累又熱，坐在井邊靠著石柱休息，一個公差把帽子掛在石柱上，井裡的無支祁一見官差帽子上的紅纓……

「石柱開紅花，我自由啦。」

「轟隆」一聲，眾人只見井裡竄出一道黑影，衝破了涼亭，騰空而去。

從此之後，淮河又開始泛濫了。

尾聲：丈夫是頭大黑熊

大禹忙著治水，沒空結婚。

就這麼巧，有天他經過涂山，看見涂山酋長的女兒——女嬌。她長得美麗又端莊，大禹很喜歡她，卻因為洪水泛濫，兩人只遠遠的見了一眼，錯過了。

隔著江水相望，女嬌看見這位人稱「治水大英雄」的禹，心裡也很喜歡，特別派個丫頭去涂山下等他回來。哪裡知道大禹忙著開挖河道，河流到哪、人就到哪，丫頭等了很久也等不到大禹回來。

女嬌在家裡等得慌，便作了一首情詩：

「候人兮，猗！」

意思是：「等你啊，多麼長久啊！」

雖然只是四個字的情詩，讀起來也有點像在嘆息或抱怨，卻被很多人推崇為歷史上第一首情詩。

終於，那個治水的禹回來了，女嬌的丫頭也在涂山迎接到他。這對才子佳人終於見了面，在台桑結了婚。

現在的新人結婚，都要去度蜜月。

禹很忙，婚後第四天又得動身去治水，女嬌被送到禹新建的都城安邑。她從涂山來，現在住到城裡去，禹不在身邊，離家又遠。禹知道了，就為她蓋了一座臺子，她想家的時候，就可以爬上臺子，眺望千里外的老家。

女嬌滿意了嗎？

不，丈夫不在身邊，家鄉又在千里之外，她要求跟禹在一起：「你治水我就幫你治水，你挖溝我就幫你挖溝。」

禹答應了。這個新嫁娘也就挽起袖子，當起治水大軍的一員。

河南有座轘轅山，這座山形勢險峻，山路彎彎曲曲，不斷的繞呀繞才能爬到山頂。禹一看，搖搖頭：「想把這裡的河道挖好，不容易。」

「你去治水，我來煮飯吧！」女嬌提議。

「只是我一工作老是忘了時間，等我在山頂掛面鼓，我如果敲敲鼓，妳再提飯上來吧！」

女嬌點點頭，乖乖在山下料理三餐。禹看妻子走了，搖身一變，變成一頭三十六丈高的大黑熊，甩開臂膀，用力開鑿山路。他一邊用嘴拱，一邊用四個爪子扒，一個早上就挖出長長的山道。

開挖有進展，禹心裡也歡喜，身上就像有無窮的力氣，不斷的拱呀拱，扒呀扒。就這麼巧，幾顆小石子飛濺到那面鼓上。

咚！咚咚咚咚！

咚咚！咚咚咚！

「唉呀，丈夫的肚子餓啦。」女嬌在山下一聽見鼓聲，急急忙忙提著飯盒就往山上去。

禹可沒注意到妻子來了。他還在山裡死命的刨呀扒呀拱呀，沒想到他這副模樣被女嬌撞個正著。女嬌沒想到自己的丈夫竟然是頭大黑熊，嚇得大叫一聲、飯盒一扔，頭也不回的跑了。

那頭大黑熊，不，是禹，一聽見妻子的叫聲，看見地上的飯盒，這才發現闖禍了，連忙追著太太跑。他們倆這樣一前一後，一逃一追，一直來到了嵩高山（河南省開封附近）的山腳下，女嬌被熊追急了，搖身一變，化作一塊石頭。

禹見妻子變成石頭，不管他怎麼叫，女嬌都不理他，他也生氣了，大吼著：「把我的兒子還來。」

「轟」的一聲，巨石向北方裂開，從石頭裡蹦出一個孩子「啓」。你看，石頭不只能迸出石猴子，其實在古早的中國神話裡，就曾有個孩子從裡頭蹦出來。

後來，舜把王位傳給治水有功的禹，而禹呢，卻在他年老後讓啟接國君。從此，中國的帝王傳位，就大部分都傳給自己的兒子了。

神話大人物

禹　姓姒，名文命，後世尊稱為「大禹」，是三官大帝之一。他也是遠古時期的中國神話人物，黃帝軒轅氏的玄孫，因為在中國最著名的洪水神話「鯀禹治水」中，成功治理洪水之患而廣為人知。

據說禹是中國歷史上第一個家天下政權夏朝的開創者，定都於安邑（今天的山西夏縣）。禹曾被堯封為「夏伯」，因此史書又稱他為「伯禹」、「夏禹」。

神話小知識

無支祁與孫悟空

英雄戰勝水怪，是個古老的神話題材。無支祁神通廣大，依附他的山妖石怪不計其數，是個禍害不小的妖王。禹既然是治水的大英雄，當然免不了要與無支祁大戰一番。

另外，有人認為無支祁是《西遊記》孫悟空的原型。首先，兩者都長得像猴子；其次，無支祁被鎖在龜山，孫悟空被鎮在五行山；最後，庚辰與無支祁的大戰，也和二郎神與孫悟空的大打鬥非常類似。

第14課

神仙島大危機

龍伯釣到大烏龜

古代中國人很少到外海去，他們眼中的大海，應該和湖泊差不多。

以中國的地形來看，真要看到海，也只有東方和南方才有。神話裡的大海是怎麼形成的呢？

據說在很久很久以前，有一天，兩個神吵架了，一個叫「共工」，一個叫「祝融」。他們吵著吵著，一不小心撞倒了不周山，結果東南大地往下沉，形成一個深坑，所有的河川都往那裡流，最後變成了海。

但是，河水這樣天天流，總有一天會注滿大海啊，那時怎麼辦？

別擔心，古人的自然觀，要用神話來解釋。

據說，在原來渤海的東方，不知道幾億里的地方，有一個名叫「歸墟」的深谷，流進海裡的水最後統統流進歸墟。

歸墟很神奇，它裡頭的水永遠保持平衡狀態，既不增加，也不減少。既然有這麼大的深谷在收藏河水，我們就不必擔心大海會滿出來。

歸墟裡有五座神山：岱輿、員嶠、方壺、瀛洲和蓬萊。

我們常講的「蓬萊仙島」就在這裡，是不是很親切？

這五座神山，每座都有三萬里高，繞一圈也有三萬里，山和山的距離是七萬里，山上有黃金打造的宮殿，白玉雕刻的欄杆。神仙島上的動物都是純白的，樹上長滿了珍珠和美玉，吃了就能讓人長生不老。神仙住在這裡，他們穿著純白的衣裳，在碧藍的高空中，像鳥一樣自由自在的飛翔。他們在五座神山間快速穿梭，探望他們的親朋好友，結交認識更多的仙人。這樣的生活，真讓「人」羨慕。

看似幸福的日子，卻有隱憂：五座神山漂浮在大海上，它們的底下並沒有根，一遇上大風浪，就會隨波逐流，這對神仙們來說，十分不便。

神仙派代表向天帝訴願。

「神山漂流是小事，怕的是風浪太大，神山漂到北極、沉進海裡，我們住哪裡呀？」

天帝很注重這問題，特別派北海的海神禺強去解決。

禺強身為北海海神，又是北海風神，他以海神身分出現時，是人的臉、魚的身體；如果他化身成風神，就是人的臉、鳥的身體。

禺強接受命令，調遣十五隻鰲去執行任務。什麼是鰲呢？鰲其實就是海裡的大烏龜。十五隻烏龜到了歸墟，每三隻一組，用頭頂著仙島，一隻烏龜出任務時，其他兩隻就候補，每六萬年交換一次，大家輪流，誰也不吃虧。

頂仙島的烏龜一開始很老實，乖乖頂著，不敢亂動。時間久了，日子無聊了，頂著頂著就開始作怪。牠們用爪子拍打海浪，快樂的跳起舞來。烏龜一跳舞，仙島就跟著地震，但是跟以前在海上漂流的日子來比，這點兒搖晃還能忍受。

崑崙山的北面有個龍伯國。龍伯國的國民是世界上最龐大的巨人，身高三十丈，能活一萬八千歲。

這些巨人是龍族後代，所以自稱「龍伯」。

有一天，龍伯國有個巨人心血來潮，邁開大腳，準備來趟自由行。他一個大步，就跨過了崑崙山，再走幾步，便進入渤海灣，渤海灣的海水竟然只到他的膝蓋。龍伯巨人涉水過了渤海，又再往前走，竟然走到了歸墟邊緣。這時他才有點累，坐在海邊高山上，折了一棵椰子樹做釣魚竿，撈了一條鯨鯊做魚餌，優閒自在的垂釣起來。

嘿，有趣的是，釣竿剛下水，立刻釣到一隻大烏龜。

這烏龜不是別的烏龜，恰恰好就是頂著神山的烏龜。牠們在海裡待太久，肚子餓了呀，一見鯨鯊，張嘴就咬，一咬就被釣出來。

於是，一隻兩隻三隻四隻……

天帝放進去的十五隻大烏龜，竟然被龍伯釣了六隻起來。

龍伯巨人哪知道這其中的厲害關係？釣了六隻大烏龜，那是滿載而「龜」！他開開心心的把烏龜背回龍伯國，紅燒清蒸加快炒，六隻大烏龜，做成六道龜肉大餐。吃完龜肉，他把六個龜甲排排放在門口，呼嚕嚕睡著了。

那天晚上，海上吹南風。「呼呼呼」颳了大半夜的南風，岱輿和員嶠這兩座神仙島失去烏龜的支撐，一直朝北邊漂呀漂，南風愈吹愈強勁，兩座神仙島就愈漂愈快，時速達到百里，竟然漂到了北海盡頭。「咕嚕」一聲，偌

大的仙山「倒頭栽」掉下歸墟，再也浮不出來了。

兩座仙島上的神仙呢，睡到大半夜，突然發現神仙島大危機，衣服帽子都沒穿好，急急忙忙飛到半空中。有的神仙睡太熟，那年代也沒鬧鐘呀，等他們掉進水裡，這才從水裡驚醒，變成了落湯「神」。

不管是人還是神，半夜遇到這種事都會驚慌失措。受驚的天神哭哭啼啼的，相互扶持飛上天，找天帝哭訴。天帝一生氣，掐指一算，發現罪魁禍首是龍伯，立刻點起天兵天將，準備把龍伯國的巨人抓回來治罪。

風神急忙向前：「天帝息怒，龍伯巨人是龍族後代，身強體壯，出兵若激怒他們，他們一擁而上，局勢反而難以收拾。」

「愛卿說得有理，以力服人，不如以智取勝。」

天帝微微一笑，心裡有了計較。

那一晚，雲淡風輕，天帝悄悄來到龍伯國。他脫了金靴，赤著腳，沿龍伯國的邊界走了一圈。

太陽探臉了，陽光照在龍伯國的山川大地，巨人們起床了。在他們的眼裡，世界和昨天一樣；只有天帝在高空中才看得見，他走了那麼一圈，這個國家的大大小小全都縮小了十倍，不管是高山、大樹、湖泊，還是巨人……

那個闖禍的巨人也起床了，他揉揉眼睛，望著昨天捕到的龜甲。哇！那龜甲怎麼經過一個晚上，就成了六座巍峨的高山：「這真的是我昨天釣到的烏龜嗎？牠們真的是神龜啊，一夜之間，就變得這麼大了！」

嘻嘻，天帝笑了笑，轉身回天庭。

從此之後，歸墟上的五座神山沉沒了兩座，只剩蓬萊、方壺和瀛洲。大烏龜們見了龍伯巨人釣龜的教訓後，從此就老實安靜，再也不敢搗蛋了。

神話大人物

禺強　古代漢族傳說中的海神、風神和瘟神。據說他是東海海神禺號的兒子，輔佐顓頊管理北方。

海神禺強統治北海，身體像魚，但是有人的面孔和手腳，乘坐雙頭龍；風神禺強據說是「玄冥」，支配北方，長著人的面孔和鳥的身體，耳朵上穿掛著兩條青蛇，腳底下又踩著兩條青蛇。風神禺強的風，據說能夠傳播瘟疫，若是遇上他颳起的西北風就會受傷，所以古人也稱西北風為「厲風」。

第15課

不愛江山愛遊玩

穆王拜訪西王母

化人變戲法

周穆王喜愛遊山玩水，一有空就出門玩。

有一天，從西方來了個很會變戲法的「化人」。化人的本事高，跳進火堆裡毫髮不傷；有時一跳跳到半空中，站在雲上，逍遙自在，讓他穿牆鑽地都沒有問題。化人還曾把一座城市，從甲地搬到了乙地，城裡的人忙著做買賣，誰也沒注意，等到有事要出城，出了城門一看，嘿，怎麼整座城都被搬了家？

喜愛出遊的穆王一見，大喜過望，問化人：「如果要去天庭裡玩耍呢？」

「要去當然沒問題。」

「我得先做哪些準備？」

「沒那麼多講究，來吧。」

化人把手一伸，穆王的手一搭，立刻飛到雲堆，雲裡是仙人居住的宮殿。金碧輝煌的宮殿到處鑲著珍珠、美玉和奇花異草，珍禽走獸見了人也不害怕。周穆王雖然貴為天子，也沒見過如此美麗的地方。

走進雲裡深處，這裡有五彩絢目的光影，傳來奇特詭異的音樂，穆王聽得心魂迷亂不能自己，不敢久留。

「我們可以回去了嗎？」

「那就走吧。」

化人輕輕一推，穆王立刻從雲端往下墜落。

這一切變化太快，穆王嚇得大叫一聲，人猛地醒了。噢，原來這一切只是一場夢，他好端端坐在龍椅上，哪兒也沒去。

穆王心裡覺得奇怪，便問臣子們：「我剛才去了哪兒呀？」

「回大王，您剛才就在椅子上，哪兒也沒去呀。」

坐在殿下的化人這才開口：「適才，我和大王到了天庭神遊一番。神遊，哪需要讓身體動呢。」

「光是神遊就這麼有趣，如果出門玩呢？」穆王玩興大發，國事丟開了，忘記了百姓的苦痛，一心只想駕著馬車，周遊天下。

天子要出遊，一切都比照最高的等級。

穆王出遊，坐的是八匹駿馬拉的車。這八匹馬全是來自夸父山上的野馬，牠們有的比飛鳥還快，有的能夜行千里，有的背上生有翅膀。而且，牠們全被當時的馴馬名家「造父」親自調教過，八匹馬一奔跑，聲若響雷，快如閃電。

八匹馬養在東海島上的龍川，那裡還有一種龍芻草。相傳一株龍芻草便能化做龍馬，八匹駿馬天天吃龍芻草，更是神駿非凡。

周穆王巡遊天下，造父負責駕車，拉車的就是這八匹駿馬。

他們先從北方轉到西方，在陽紆山見了水神河伯；在休與山見過性情平和溫良的帝台；在崑崙山遊覽過黃帝的宮殿；在赤烏族接受了赤烏人奉獻的美女；在黑水封賞了殷勤接待他的長臂國人……

最後，他在甲子這個黃道吉日，拿了白色和黑色的美玉，到了大地的西極——崦嵫山，見到平日景仰的西天王母娘娘。

第二天，周穆王還借西王母的瑤池設下筵席，款待這位西方至高無上的女王。西王母心中高興，在酒席筵前，唱了一首不用樂器伴奏的歌。那歌道：

白雲朵朵懸在天，
山影深深大地現。
你我相隔千里遠，
翻越數數重重山。
願穆王身體強健，
期待再見那一天。

穆王出於恭敬和喜悅，也唱歌附答道：

明日動身回周土，
治理國家不辭苦，
國家力強民安富，
再來此地見王母。

宴會結束後，穆王在山上立了一塊大石碑，上面簡單刻寫了他與西天王母娘娘相會的事蹟；另一邊則刻了「西王母之山」五個大字。穆王還在石碑旁種了一棵槐樹，作為他與西天王母娘娘的紀念。

有碑有樹做見證。像不像現代人四處拍照、打卡留念的習慣？

偃師獻藝

周穆王回國途中，又有巧遇了。這回，他遇見手藝奇巧的偃師。

人們都說偃師無所不能，周穆王見過西王母娘娘，還有什麼稀奇的事沒見過呢？

偃師恭敬極了，他鞠了躬，指指身邊穿著花花綠綠的人說：「這是小人製作的人偶，能唱歌，會跳舞，特別帶來讓大王欣賞。」

「人偶？」

穆王的王宮裡，要什麼偶都有，會唱歌跳舞的偶他還真沒見過。他仔細看看那人偶，唉呀，不看不知道，看了嚇一跳，這個人偶的形態外貌，竟然跟真人一模一樣。讓他動一動，動作就像人一樣自然流暢；要他唱一唱，這人偶張開口就能唱，歌聲婉轉，穆王聽過的歌聲那麼多，誰也比不上。

讓他跳舞吧，人偶一揮手一抬足，立刻就能配合節拍，千變萬化，隨心所欲，穆王見過的舞者那麼多，竟然沒人比得上他。

穆王愈看，心裡愈疑惑：「這明明是個真人，偃師拿他來騙我的吧？」

人偶的表演即將結束，人偶卻朝著穆王的妃子們拋媚眼。穆王勃然大怒，命人把偃師推出去斬首。偃師嚇慌了，趕緊抓住那個人偶，取下他的頭。啊，是木頭做的嘛；打開他的胸，裡面只有皮革和磚頭。最後取下他的四肢，穆王一看，果然全部都是些膠料、漆器的材料。

「大王，真的是個偶呀。」偃師怕他懷疑，又把這些材料組合起來。嘿，把它們組合起來，果然又是個活靈活現的偶，不斷朝著穆王的愛妃拋媚眼。

「這真是太奇怪了。」好奇的穆王派人把人偶的心臟摘去，他就唱不出歌來了；把他的腎臟除掉，人偶再也不能走路。穆王這才轉怒為喜，感嘆的說：「偃師的工藝技巧竟能達到這般地步，真是巧奪天工！」

於是，穆王把偃師帶回國，製作更多「巧奪天工」的作品給他欣賞。

這個喜歡遊玩的周穆王，後來有沒有再去找西王母娘娘，神話裡沒記載。但是因為他愛玩，所以眼界比常人開闊，心胸舒暢；再加上各國進貢、蒐集來的營養品，竟然讓這個不愛江山愛遊玩的君王，活了一百零五歲，真是出人意料。

神話大人物

西王母　西王母也稱為「王母」、「瑤池金母」、「王母娘娘」等，是中國神話的女神。

西王母的形象，隨著時代的演變而不斷變化。起初是以半人半獸（豹尾虎齒善嘯）的形象，住在崑崙山的山洞裡。一段時間後，她的形象逐步變得女性化，後來更和玉皇大帝一起坐鎮天庭，成為天界所有女神仙和地間陰氣的首領。

這位天宮中地位最高、最受尊奉的女神仙，在天上是女仙之首，掌管宴請各路神仙之職；在人間則專管婚姻和生兒育女之事。是中國神話中最重要的女神之一，也是中國最古老的女性神祇。

這位尊貴的「西方天界之母后」，除了掌管長生不老的仙藥，還管理位於西方崑崙山的蟠桃園。民間傳說，每年的農曆三月初三是王母娘娘的聖誕日，王母娘娘會舉行「蟠桃會」宴請各路大小神仙，群仙則在瑤池為王母娘娘祝壽。

神話小知識

見過西王母的兩個帝王

中國歷史上，有兩個帝王據説見過西王母。

一個是漢武帝。傳説漢武帝晚年步上秦始皇後塵，一心只想求仙訪道、長生不死，最終感動了西王母。於是，西王母從天而降，會見了漢武帝。不過漢武帝沒能像后羿那樣，得到西王母賜給他長生不死之藥，最終還是難逃一死。

另一個就是周穆王了。周穆王是西周的天子裡面較知名的。而他最為人所知的事蹟之一，莫過於西遊到崑崙瑤池，會見西王母了。

近年來，隨著考古學的發達，學者逐漸發現，與漢武帝見到西王母這個神話故事不同的是，周穆王見到西王母很可能是歷史事實。不過當然，周穆王見到的西王母不是神仙，而是西方的部落酋長。這個女性部落酋長到底是誰，也是眾説紛紜。比較合理的推測是，西王母的部落很可能位在今天的甘肅、青海或新疆，但絕對不會超過中國的邊境。

第16課

隔著天河兩相望

坐看牛郎織女星

古人相信，天河和大海是連在一起的。白天，海天一色，就像天海相連。晚上，滿天星斗，銀河在海的盡頭閃耀。所以那時的人相信，大海和天河緊緊連在一起。

當時有個捕魚人，每年八月都會看見外海漂來竹筏，不久又漂回去。竹筏哪來的呢？

漁夫是個有冒險性格的人，他帶了乾糧，跳上小船，朝著竹筏出現的方向航去。

船在海上走了十多天，剛開始還能看見太陽、月亮和星星，但愈往前去，漁夫就愈迷糊，白天、黑夜漸漸分不清楚。就在漁夫想掉頭回去時，船竟駛進一座小城，城裡的屋宇高大漂亮，許多美麗的姑娘在屋裡織布。而另一邊，有個人拉著牛來水邊喝水。

牧牛人問：「你怎麼會來這裡呀？」

漁夫把來此的事說了一遍，最後問：「這裡到底是什麼地方呀？」

「這裡不是你該來的地方，你若想知道，回去成都問嚴君平吧。」

「成都？嚴君平？」漁夫聽了他的話，把小舟掉頭回去，又走了二十多天，回到原來的地方。隔了幾年，漁夫有事到成都，真的找到一個叫做嚴君平的道士。嚴君平掐指算了算：「某年某月某日，客星犯牽牛星。」

漁夫聽了，臉都嚇白了。嚴君平算出來的日期，恰好是他遇到牧牛人的日子。原來他不知不覺把小舟駛上天河，見到牛郎。

牛郎與織女的故事，還有這麼一則。

相傳，織女是西天王母娘娘的孫女，住在銀河的東邊，用一種神奇的絲線編織天衣。天衣上頭有層層疊疊美麗的雲彩，隨著光線與季節，閃現出不同的神奇色彩。

天神當然也要穿衣服，織女織出來的天衣，就是天神的衣裳。天上的美麗彩霞，也是織女巧手織出的；也只有織女，才能織出無限變化的雲彩天光。

織女上面還有六個姊姊，她們都是仙女，都有一雙巧手，織女年紀最小，織衣服的功力最高。

銀河另一邊，住了一位牧牛的少年。他是「牛郎」。

牛郎的父母早亡，從小跟著哥哥、嫂嫂過日子。嫂嫂很不喜歡牛郎，覺得他白住在他們家，白吃她煮的飯，對牛郎總是百般挑剔，吃飯時故意不喚他，只把剩菜殘湯留給他，三番兩次找他的碴。

牛郎的哥哥心疼弟弟，卻吵不過太太。無可奈何，只好給弟弟一條老牛，勸他分了家，自己獨立，生活會好過一些。

弟弟有了老牛幫忙，日日勤奮工作。但是老牛實在太老了，有一天牠摔了一跤，站不起來，不能幫牛郎耕田。牛郎可沒嫌棄牠，天天清晨出門，滿山遍野找來百花上的露水，日日幫牠細心洗傷口。

在牛郎的照顧下，老牛的傷勢好轉，不久又能幫他耕田了。勤奮的牛郎在老牛的幫忙下，很快有了錢，蓋了一棟小屋，買了幾塊薄田。

日子如青菜豆腐，日日平安幸福。這一天，出了奇事。牛郎牽牛回家，正要回屋裡休息，後頭傳來一句話：「牛郎，牛郎，銀河邊，織女現，織女衣裳拿一件，娶個仙女家裡見。」

「牛大哥？是你在說話？」

「是呀是呀，我本天上金牛星，不小心誤犯天條，被玉帝打下凡間。謝謝你這幾年的照顧，你想娶個美嬌娘，快快出門去吧！」

原來，織女與牛郎本來就有前世未了的姻緣，金牛星一心要報答牛郎的大恩大德，這才口吐人言，鼓勵他去追求幸福。

牛郎一聽，半信半疑，悄悄走到銀河邊蘆葦叢裡躲著。

等呀等呀。

天上的仙女們也在等呀等呀。

她們聽說銀河的水特別清澈，銀河水特別清涼，她們想到銀河裡，好好洗個澡。

這天，王母娘娘在蟠桃宴上喝醉了，睡沉了，七個仙女悄悄從王母娘娘身邊溜走，飄落到人間一遊。

牛郎等呀等，果然見到七個美麗非凡的仙女，她們脫了五彩的天衣，躍進銀河裡玩耍嬉戲。

太陽西斜，仙女們上岸穿衣，準備返回天庭。這時，牛郎從蘆葦後頭衝出來，拿了一件綠色天衣就跑。

唉呀，那件綠色天衣是織女的。她追

到山洞前，滿臉通紅的喊著：「你把衣裳還給我啊。」

牛郎記住老牛的話，不管織女怎麼求情，他都不肯把衣裳還給織女，反而求織女：「妳嫁給我為妻，行不行？」

「我是神仙你是凡人，那怎麼行呢？」

「我孤苦伶仃，求妳可憐可憐。」牛郎說得情深意切，織女在天上住膩了，沒有天衣也無法上天，終於點了點頭。於是，金牛做媒，織女嫁給了牛郎，從此過著男耕女織的生活。

銀河岸邊，遍地是桑樹，織女便採集桑葉，養蠶取絲來織衣。當地人覺得稀奇，織女便教大家如何植桑，如何養蠶，還送了許多蠶寶寶給大家。那蠶種一變為蠶，再變為繭，最後變成蛾產卵，一爬二掛三飛，真是神奇！大家就把牠們稱做「天蟲」。

有了織女的教導，附近人家都學著養蠶織衣，織好的衣服又輕又軟，價格又高，從此家家不愁吃穿。

牛郎家添了一兒一女，孩子有了，回家有妻子與孩子陪伴，再也不像當年孤家寡人那麼寂寞。

然而，喝醉酒的王母娘娘醒來了。要知道，天上一日、人間一年，王母娘娘這回睡得比較沉，她一醒來，人間過了十年。她發現心愛的孫女不在，沒有織女來織雲彩，天空也沒往昔那般美麗。

「這孩子呀……」

因為是自己的孫女，王母娘娘決定親自下凡。她站在牛郎家門口一招，織女就不由自主跟著她飄上天。

牛郎發現織女飛上天了，悲痛的把孩子裝進籮筐中，挑著去追織女。他本來想追過那道清淺的銀河，一直追到天庭上，哪知到了原來的河邊卻找不到銀河。抬頭一看，原來，王母娘娘用法力把銀河搬到天上了。

湛藍的夜空中，銀河還是閃動著清淺水光，卻已經仙凡異處，再也無法接近。

牛郎回到家，抱著兒女大哭，原本和樂的一家人，在一夕間分崩離析。

正哭著呢，又傳來一陣人語。是老牛，牠在牛圈裡喊：「牛郎牛郎莫傷心，我死之後，剝皮披上身，攜子帶女尋妻去。」

老牛說完，倒地而亡。牛郎相信老牛的話，披了牠的皮，挑著一對兒女，追上了天。

天上廣闊，牛郎在群星之間尋覓愛妻。眼看銀河在望，眼看一家即將重逢，孩子們也高聲喊著：「媽媽，媽媽。」

銀河彼岸，織女聞聲回頭，喜不自禁：「媽媽在這兒呢！」

就在他們隔河相望，一家正要團圓時，更高處出現一隻手——那是西天王母娘娘的手。她拔下金簪，往銀河上輕輕一劃，原本清淺的銀河立刻變成了洶湧的大河，阻隔了這個家庭。

從此，牛郎和織女被隔在天河兩岸，一天天，一月月，一年年，苦苦相望。

「爹爹，我來舀乾天河的水。」女兒從籮筐中拿一個水瓢說。

「爹爹，我也來幫忙。」兒子也這麼說。

「好好好，我們一起來。」他們三人拿著水瓢，一瓢一瓢把天河的水往外舀。爸爸舀累了，換女兒；女兒累了，由兒子來接手。王母娘娘也不是鐵石心腸，她被牛郎一家的親情所感動，派喜鵲王傳達旨意，允許牛郎和織女每隔七日相會一次。

不幸的是，喜鵲王實在太老了，有些耳背，竟將「每七日相會一次」傳成了「每年七月七日相會一次」。

喜鵲王傳錯旨意，王母娘娘也沒改，只是罰喜鵲王的子子孫孫搭鵲橋，讓牛郎和織女相會。牛郎織女相會跑得急，踩掉喜鵲頭上的毛，秋天的喜鵲頭上光禿禿，相傳就是這麼來的。

七月七日那天，天上總會下著細細的雨，那是牛郎織女久別重逢的淚水。如果你鑽進葡萄架下仔細聽，還能聽見他們相會時的竊竊私語呢。

不相信嗎？找個秋天的冷晚，找到銀河的方向，河兩邊相望的星星便是織女和牽牛星，在牽牛星身邊還有兩顆小星星，那是牛郎的一兒一女，他們陪爸爸舀水。你看見了嗎？

神話大人物

牛郎織女　牛郎與織女的故事，是中國民間四大傳說（牛郎織女、孟姜女、梁山伯與祝英台、白蛇傳）之一，也被很多人視為是愛情故事的經典。

每年的七月七日是牛郎與織女重逢的日子，因此七夕是中國的情人節。從古書的記載來看，民間認為織女聰明美麗、多才多藝，在七月七日晚間向織女乞求智巧，可以除去笨拙，變得眼明手巧，因此又稱為「乞巧節」。

不過，牛郎與織女一開始是源於原始信仰中的星辰崇拜，也就是星宿的神化與人格化。「牛郎星」即牛宿，又叫「牽牛星」，是二十八宿之一，為北方玄武七宿的第二宿，共有六顆星，其中三顆星組成形狀，宛如一個人挑著一副擔子在趕路。「織女星」又叫「天孫」（天帝的孫女），共有三顆星，成等邊三角形，在銀河西，與銀河東的牽牛星相對。

神話小知識

夏季大三角

你喜歡仰望星空嗎？夏夜的天空中，最迷人的當然就是橫跨天際的銀河了。而牛郎與織女的故事，就是構成夏季觀星最容易辨認的三顆亮星：織女一、河鼓二、天津四，也就是「夏季大三角」，分別代表了織女、牛郎、喜鵲。在西方的星座神話中，喜鵲所在的位置則是類似的形象「天鵝座」，都是「鳥類遨遊在銀河中」的意象。

不過，從天文學的角度看，織女星與牛郎星彼此之間相距十六光年，就算以光速飛奔去找對方，也要經過十六年才能相會，神話終究是神話。

另外，透過望遠鏡觀察織女星時，不妨也觀察一下附近的「戒指星雲」（M57）。它位於織女織布時所用的紡梭前方，看起來是淡淡的環狀，很容易讓人聯想到織女所戴的婚戒。

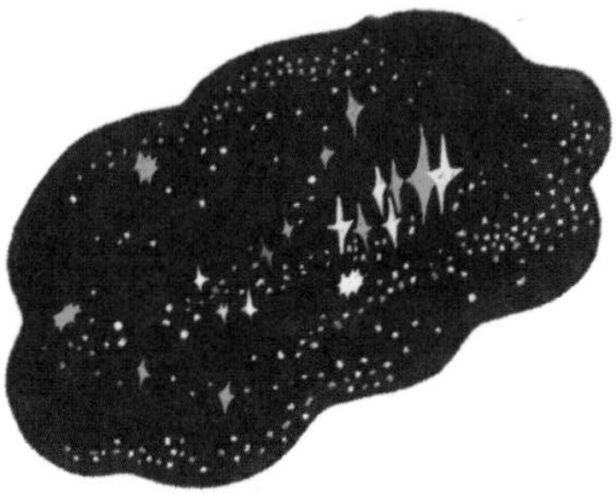

【附錄】

神話旅遊團

跟著大禹遊九州

來來來，親愛的嘉賓請過來。謝謝大家參加大禹旅行社，我是今天的導遊小雨，現在我們來到的地方是長江三峽。

大家都讀過李白的《下江陵》吧？

朝辭白帝彩雲間，
千里江陵一日還，
兩岸猿聲啼不住，
輕舟已過萬重山。

李白是唐朝人，他當年走三峽，水快船輕，一溜煙就是千里遠，簡直就是今天的高鐵速度。由這首詩我們也可以想見，當年三峽的水勢有多湍急。

巫山神女峰

大禹治水，在這裡留下一則美麗的神話。

話說，大禹治水來到巫山，大家正在勤奮工作時，突然吹來一陣狂風，吹得

人仰馬翻，吹得大家叫苦連天。禹有神力，這風吹不動他，但不少工人被風一捲，捲上了天。

這可怎麼治水呢？

禹向上天祈求，滿天神佛只要一位現蹤，幫忙把風定住。

就這麼巧，西天王母娘娘的女兒瑤姬來這兒玩，她正欣賞風景呢，一陣怪風吹亂她的髮，底下還有人在呼喚。

是禹。禹在底下禱告：「滿天神佛，誰能助我？」

瑤姬是個善良的仙女，她被禹為百姓謀福利的精神感動，就派了幾個侍女下雲端，傳授禹驅神役鬼的法術。大禹利用這些法術，馬上止住暴虐的惡風。瑤姬又派自己的侍臣，讓他們幫大禹鑿通巫山。這下子，巫山的水道終於打通了。

這就是現在三峽裡的巫峽。

「謝謝仙女，謝謝仙女。」

治完水，禹特別到巫山上找瑤姬，想要當面

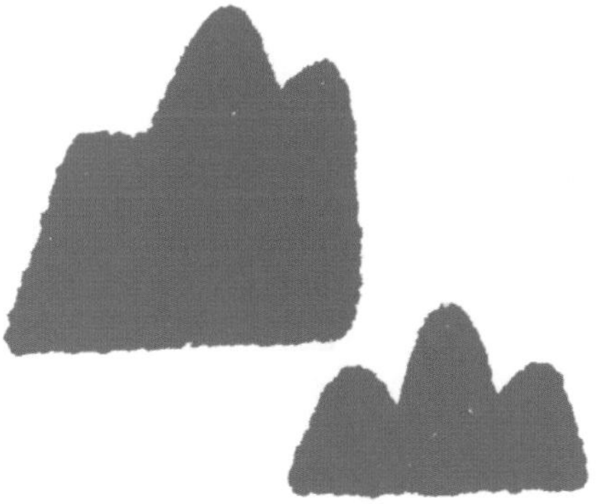

謝謝她。

禹看見瑤姬站在峰頂，然而他爬上山，卻發現山頂什麼也沒有，只有一塊直立的巨石。他想伸手摸摸這塊岩石，咦，這塊巨石竟然冉冉上升，變成空中一朵白雲。白雲飄呀飄的，又變成了一隻鶴，鶴在空中飛，轉了幾個圈，忽然幻化成龍。龍的身影愈來愈大，有黑有灰，最後落下來，變成一陣驟雨……

「瑤姬呢？」

禹對這一切感到困惑不已，瑤姬為什麼要這樣變化？是不是存心捉弄自己？一個捉弄百姓的神仙，會不會是個妖怪呀？

一肚子疑問的大禹，問著幫他治水的神仙。一位侍臣說；「瑤姬仙子原本是西天王母娘娘的女兒，由西華宮少陰之氣凝聚而成。既然是氣，當然變化無窮，想變人就成人，高興是物就化為物。」

「我該到哪裡向她道謝呢？」

「想見她不難，請看——」仙人手一指，巫山中忽然現出雲樓瓊臺，瑤宮玉闕，外有獅子把守，天馬帶路，兇猛的金龍在殿前，端坐在瑤台上被眾家仙女圍繞的，正是瑤姬仙子。

大禹來到大殿，謝謝她幫忙治水，派遣神仙開鑿巫山。瑤姬點了點頭，大禹急忙又向她請教今後治水的方法。

瑤姬送他一卷天書，要他按著天書所載治理洪水，另外派了幾個侍臣幫忙。大禹既得天書與神仙協助，再加上百姓努力，用了十三年時間，終於治好了水患。

瑤姬呢？

她喜歡巫山景色，最後就留在這裡。

瑤姬站在高崖上眺望，她關心船行三峽人們的安危，日日守望，不知不覺竟化身為眾多峰巒的一座，那是現在的神女峰。陪伴她的侍女，一個個也變成了眾多的山峰，這就是現在的巫山十二峰。

好囉，船現在要經過巫峽了。大家一邊看巫山十二峰，別忘了想想當年大禹治水的不易，還有他鑿通巫峽的功蹟。

看完巫山神女峰，各位嘉賓，請緊跟著小雨這面小旗子走。接下來的行程，由本旅行社精心安排，市面上絕對找不到這麼精采的旅程。

是什麼呢？

想當年，大禹為了治水，足跡踏遍九州大地。他到過許多奇異的國家，就像後來唐朝玄奘法師的《大唐西域記》，大禹的遠國異人遊記其實也很可觀。今天，旅行社就安排大家來趟大禹遊蹤。

國境之南：結胸國↓羽民國↓讙頭國↓厭火國↓三苗國↓貫胸國↓三首國↓周饒國↓大秦國↓長臂國

首先我們朝南走。

南方海外有個國家名叫「結胸國」。這裡的人長相奇特，胸前骨頭特別凸出，遠看就像前胸多了個喉結。

結胸國附近有個「羽民國」。這國的人都長了翅膀，能飛，但飛不遠。他們的食物是鸞鳥的蛋，偷鳥蛋維生，難怪會長出翅膀來。

請跟小雨朝東南方走，我們來到讙頭國。這個讙頭不是各位嘉賓吃的罐頭，實際上應該叫做「丹朱國」才對，因為他們都是丹朱的後代子孫。樣子和羽民國差不多，鳥頭尖嘴還帶翅膀，終日在海邊捕魚。

南方還有「厭火國」。這兒的人身子長得像獼猴，黑皮膚，張嘴就能吐出火球來。這國出產的生物也很奇異，例如有一種能吃火炭也能噴火作怪的禍斗，牠長什麼形狀呢，嗯，上古見到牠的人多半被火融化了，因此，沒人知道。

往東我們路過「三苗國」。三苗國的人反對堯把天下讓給舜，曾經和舜的兒子丹朱聯合出擊。兵敗之後，連同丹朱的部下遷到南海，建立三苗國。在這裡，你會覺得很自在，他們長相和我們差不多——除了他們的腋下有一對不能飛的小翅膀。

當然啦，誰沒事會去看人家的腋下呢？

除非你是聞腋青年，對吧？

不聞腋，我們向東來到「貫胸國」。這裡其實也叫做「穿胸國」，你應該可以想像那畫面：每個人的胸前都有個圓圓的大洞，可以從這頭看到那頭。聽說大禹治水時，殺了防風氏，洪水平息後，禹叫人駕了兩條龍拉的車子載他去海外巡視。經過南海防風氏的部族時，防風氏的兩個臣子對著禹射了一箭，霎時起大風，打大雷，下大雨，兩條龍拉著禹向天奔騰而去。那兩個臣子嚇傻了，便抽出短刀在自己胸前刺了一個大洞，倒地而死。禹哀憐他們的忠義耿直，叫人拿不死藥治療他們。他們復活了，胸前卻永遠留下一個大洞。這個無法復原的「大洞人」，後來就成了穿胸國的祖先。

往東還有個「三首國」，一個身子三顆腦袋。

三首國沒興趣，請跟著大禹旅行社的導遊旗往東走。往東是「周饒國」，名字好聽、但其實是矮人國、小人國。

在這裡，三尺長就是高個子，最小的孩子只有幾寸長，閱讀這本書的孩子去那裡，人人都成了大巨人。這裡他們穿衣服也戴帽子，人人長得斯斯文文的。他們種田時，最擔心白鶴飛過來把人抓走。

還好附近「大秦國」的人仗義。大秦國國民身高至少十丈，他們常來周饒國幫忙趕白鶴，周饒國的小人們才能安心下田耕種。

南方最後一個國家是「長臂國」。走到這兒大家應該也累了，沒問題，我們匆匆看過就回家。這裡人們的身子和你、我差不多，手臂卻有三丈長，所以只能坐樹上，一坐地上手都沒地方擺。他們常在海邊捕魚，用長臂往海裡一撈，每回都能抓點新鮮海產。各位嘉賓若有興趣，回家前莫忘了跟長臂國人買點魚貝蝦蟹。

東方外海：大人國↓君子國↓青丘國↓黑齒國↓毛民國↓勞民國

各位嘉賓起得早，今天和小雨一同往東方外海出發吧。

東方外海和長臂國相鄰，頭一個是「大人國」。這個國家的人都長得人高馬大，平常人在媽媽肚子裡懷胎十個月，他們至少要躲在媽媽肚子裡三十六年才出生，一出生頭髮早就全白了。這些白髮娃娃個個是巨嬰，還不會走路就會騰雲駕霧。他們是真正龍族後代，遠古時期，在東海邊釣鰲的龍伯國巨人就是他們的祖先。

向北走，是「君子國」。他們習慣穿得整整齊齊才出門，腰間都掛著寶劍，各位也要好好注意儀容。君子國人都有僕人使喚，大家謙恭有禮，從來不吵架，所以人人長命百歲。

過了君子國，咱們來到了「青丘國」。青丘國的人吃五穀雜糧，穿著絲帛綢緞。這國家出產一種狐狸，四隻腳、九條尾巴。天下太平時，九尾狐狸就會現身，各位嘉賓請睜大眼睛，看見九尾狐狸了嗎？想當年，旅行社的創辦人大禹就曾遇見牠哦。

好囉，該走了。北方有個「黑齒國」，包準大家有興趣。黑齒國的人牙齒黑漆漆，是帝俊的後代子孫。他們也吃飯，只是下飯的菜餚是蛇肉，不知道是不是蛇肉吃多了，牙齒才變得黑不溜秋？

往北還有「毛民國」，這兒的人全身上下長著箭鏃般的硬毛，他們的個子小，終年不穿衣服。他們是天神「綽」的後代子孫，大家都姓「依」。禹的曾孫修船時把綽殺了，禹哀憐他無辜被殺，便暗中讓他復活，再派人把他送到這裡，結果後代子孫竟然繁衍成一個國家。

東方外海最後一國，這裡叫做「勞民國」。勞民國的人特別奇怪，不因為他們全身黑漆漆，而是因為他們明明沒事好做，卻要裝作忙得不得了。既然這麼忙，乾脆就叫勞民國。看完勞民國，我們就回旅館休息了吧！

北方外海：跂踵國→夸父國→聶耳國→無腸國→一目國→無啓國

咦，大家起得這麼早？大禹旅行社竟然滿團！既然大家不嫌棄，今天就繼續跟著小雨的腳步走。

往北走，「跂踵國」是第一個國家。這國家的人腳關節和我們不太一樣，他們走路時，腳跟碰不到地面，只能用五個腳趾頭走路，所以叫做「跂踵」。也有人說他們的腳是反轉生成的，本來向南方走路，足跡看起來卻是向北方走，因此也有人把他們叫做「反踵」。

好啦，別猛盯別人的腳看。跟緊導遊旗，下一站是頂頂有名的「夸父國」了。

夸父國的人就是那個去跟太陽賽跑，最後倒下來的夸父的後代。他們每一個人的身材都極其高大，右手握著一條青蛇，左手握著一條黃蛇。國都的東邊是一片美麗的桃林，名叫「鄧林」，是夸父追太陽後，手裡權杖變出的林子。想吃桃子要趁早，巨人國度的桃子，一顆有一間屋子大，我們整團買一顆，可以吃到明年啊。

「聶耳國」的人長著一對又大又長的耳朵，一直垂到肩膀下，走路時用兩隻手握著耳朵。他們的耳朵大到睡覺時一隻可以當床，一隻當棉被。這裡的人走路最威風，因為人人都養了兩隻老虎當僕人。老虎不乖怎麼辦？別擔心，聶耳國人會用耳朵抽老虎。

向西到了無腸國。這裡人長得高，肚子裡卻沒腸子，吃下的東西沒有消化，一咕嚕又出來了。

無腸國邊界後是「一目國」。光聽名字各位嘉賓應該就猜得到，沒錯，這裡人只有一隻眼睛，長在臉的正中間。他們讀書一目十行，看世界一目瞭然，還能一眼看穿你，厲害了吧？

北方外海最後一站，大家來到了「無啓國」。無啓國也叫「無繼國」，這裡的人沒有後代，他們住在山洞，生活簡單，沒有男生女生的區別。人死了就埋在地下，跳動的心臟卻不會停下來，經過一百二十年，又能從地裡爬出來，簡直像喪屍了。不過，無啓國的人復活後還是完好無缺，活了再死，死了再活。各位別羨慕他們，想想要在地裡待上一百二十年！有那種勇氣，再考慮要不要移民來這裡。

西邊外海：長股國→白衣國→沃民國→軒轅國→女子國→丈夫國→奇肱國→一臂國→三身國

東南北走了一大圈，這下該往西邊走，各位嘉賓就當成蒐集超商公仔，如果只差一個，去不去？

走吧，我們有祥雲專機，包準各位開開心心。

西邊海外第一大國是「長股國」。「長股」其實是「長腳」，這國人的腳都長，聽說最長長到三丈。還有人說，長股國的人背著長臂國人去外海捕魚，還真是絕配！後來迎神賽會、進香遶境裡的踩高蹺陣頭，靈感八成來自長腳國。

西南方是「白衣國」。白衣國也是帝俊的子孫後代，這一國人從頭到腳都是白色的。而且國內出產一種名叫「乘黃」的走獸，樣子像狐狸，背上有兩隻角，跑起來就像一陣風，所以還有個別名叫「飛黃」。人們說的「飛黃騰達」，指的就是這種異獸。各位嘉賓若有幸騎上牠，壽命可以達到兩千歲。

各位別東張西望，牠現在是珍稀動物，看不到了。

白民國南方，是「沃民國」。這地方是一片肥沃的土地，鸞鳥在這裡唱歌，鳳凰在這裡跳舞，飛禽走獸在這裡相親相愛和睦相處。這裡的鳳凰蛋特別多，沃民國人民的主食就是鳳凰蛋，天上降下的甘霖則是他們的飲料，所以這裡的人生活特別快樂。

再往南去，窮山旁是「軒轅國」。軒轅國裡人長壽，在這裡活得最短的也有八百歲，只因他們都是黃帝的子孫。他們人臉蛇身，尾巴太長，通常纏在頭上，相貌就和古代的天神差不多，例如女媧。

再朝南去是「女子國」，全國都是女生，沒有男人。快成年的女子只要到黃池裡洗個澡，就會生娃娃。男娃娃最多活三歲，女娃娃才有機會長大成人。

各位男嘉賓別害怕，你們的媽媽都不是女子國人。如果是，你也不可能活到現在來這裡玩啊，對不對？

下一個國家恰好和女子國相反，各位應該可以猜出來。這裡有男子漢，沒有女英雄，他們的衣服穿戴整齊，腰間習慣掛寶劍，滿街全是這樣的裝扮。這個國家為什麼只有男人呢？相傳在殷代，有個國君叫「太戊」，派遣王孟帶去西天王母娘娘那裡請求不死藥。經過這地方，糧食都吃完了，再也無法前進，只好住在這個荒山老林裡，餓了採樹上的果子填肚皮，渴了找山間泉水當飲料，於是在這裡自成一國，就叫「丈夫國」。他們一輩子單身，每個人卻都能生兩個兒子。這兩個兒子從他們的影子裡生出來，等到影子凝成形體後，本人就死了。

「奇肱國」在鄰近。奇肱國也叫做「奇股國」，「奇肱」是說只有一隻手，「奇股」則是只有一條腿。各位可以仔細看，這裡的人多半只有一條腿。他們擅長精細的手工（例如捕鳥籠），也能製造飛車。商湯時期，他們曾做過一輛飛車飛到豫州，豫州人哪看過飛天車？車子一來就被搗壞；十年後，東風吹過來，豫州人才照原樣子再做一輛車飛回去。

奇肱國的人有三隻眼睛，騎著一種名叫「吉良」的白色花斑馬。這馬有紅色的鬣毛，脖子像雞的尾巴，眼睛像黃金，又叫做「雞斯之乘」，騎了牠，壽命可達一千歲。各位嘉賓想活一千歲，眼睛可要睜大了找。

再往南是「一臂國」。顧名思義，這裡人人只有一隻手臂、一隻眼睛。對了，他們連鼻孔也只有一個。平時無法行動，想走路想上街想讀書，至少要有兩個人合體才可行。更好玩的是，這個國家有種長著老虎花紋的馬，牠也只有一半的身體，至於這樣的馬怎麼騎？考考大家想像力。

最後一個國家是「三身國」。他們也是帝俊的後代子孫，那是一個人的腦袋長了三個身體，這樣的身體能走路能做事嗎？

各位嘉賓，神話旅遊團的行程就在三身國告一段落。下回再有好的旅遊行程，別忘了繼續給小雨支持鼓勵哦。

故事館 85

給孩子的中國神話故事（上）

砰！轟隆隆！神仙來了

作　　者　王文華
插　　畫　九　子
封面·內頁設計　黃鳳君
特約編輯　吳毓珍

國際版權　吳玲緯
行　　銷　何維民 吳宇軒 陳欣岑 林欣平
業　　務　李再星 陳紫晴 陳美燕 葉晉源
副總編輯　巫維珍
編輯總監　劉麗真
總 經 理　陳逸瑛
發 行 人　凃玉雲
出　　版　小麥田出版
10483 台北市中山區民生東路二段 141 號 5 樓
電話：(02)2500-7696
傳真：(02)2500-1967
發　　行　英屬蓋曼群島商家庭傳媒股份有限公司
城邦分公司
10483 台北市中山區民生東路二段 141 號 11 樓
網址：http://www.cite.com.tw
客服專線：(02)2500-7718｜2500-7719
24 小時傳真專線：(02)2500-1990｜2500-1991
服務時間：週一至週五 09:30-12:00｜13:30-17:00
劃撥帳號：19863813　戶名：書虫股份有限公司
讀者服務信箱：service@readingclub.com.tw
香港發行所　城邦（香港）出版集團有限公司
香港灣仔駱克道 193 號東超商業中心 1 樓
電話：+852-2508-6231
傳真：+852-2578-9337
馬新發行所　城邦（馬新）出版集團 Cite(M) Sdn. Bhd
41-3, Jalan Radin Anum, Bandar Baru Sri Petaling,
57000 Kuala Lumpur, Malaysia.
電話：+6(03)-9056-3833
傳真：+6(03)-9057-6622
電郵：services@cite.my
麥田部落格　http:// ryefield.pixnet.net
印　　刷　漾格科技股份有限公司
初　　版　2020 年 8 月
初版三刷　2022 年 7 月
售　　價　349 元

ISBN 978-986-344-785-6
Printed in Taiwan.

國家圖書館出版品預行編目資料

給孩子的中國神話故事 . 上 : 砰 ! 轟隆隆 ! 神仙來了 / 王文華著 ; 九子繪 . -- 初版 . -- 臺北市 : 麥田出版 : 家庭傳媒城邦分公司發行 , 2020.08
面 ; 公分 . -- (小麥田故事館 ; 85)
ISBN 978-986-344-785-6(平裝)
1. 中國神話

282　　109008202

我的神話小筆記

我的神話小筆記